Marita P.
AIDS hat mir das Leben gerettet

Marita P.
AIDS hat mir das Leben gerettet

Meine Jahre zwischen
Edelstrich und Drogensumpf
Aufgezeichnet von
Gerald Müller

Ch. Links Verlag
Berlin

Fotonachweis:
Archiv der Autorin: S. 11, 17, 25, 27, 78, 97, 129
Gitta Conen: S. 6, 139
Thomas Grabka: Titel, S. 135
Roswitha Hecke: S. 21
Michael Meyborg/Signum: S. 63 u.
Hartmut Schwarzbach/argus: S. 63 o.
Thomas Raupach/argus: S. 48

Die Deutsche Bibliothek – CIP-Einheitsaufnahme

P., Marita:
Aids hat mir das Leben gerettet : meine Jahre zwischen
Edelstrich und Drogensumpf / Marita P. Aufgezeichnet von
Gerald Müller. – 1. Aufl. – Berlin : Links, 1993
ISBN 3-86153-055-4
NE: Müller, Gerald [Bearb.]

1. Auflage, September 1993
© Christoph Links Verlag – LinksDruck GmbH
Zehdenicker Straße 1, 10119 Berlin, Telefon: (030) 281 61 71
Reihenentwurf: TriDesign, Berlin
Satz: LVD GmbH, Berlin
Schrift: New Century Schoolbook
Druck- und Bindearbeiten: Wagner GmbH, Nördlingen
ISBN: 3-86153-055-4

Inhaltsverzeichnis

Vorwort.................................... 7

Von der Lehre ins Milieu 9

Der Aufstieg als Hure 13

Bandenkrieg der Zuhälter.................. 23

Von der Neugier zur Sucht................. 31

Diebstahl für Drogen...................... 40

Die Ansteckung mit AIDS.................. 47

Die Schreckensnachricht . . . , ... 52

Inkognito mit dem Virus................... 56

Das erste Mal im Gefängnis................ 67

Gift ist stärker als Liebe.................. 77

Auf Drogenjagd im Urlaub 84

Berührung mit dem Tod 95

Abstieg in die Gosse....................... 106

Auf der AIDS-Station...................... 117

Von der Presse geoutet 130

Versuch eines Neuanfangs.................. 136

Informationen zu AIDS 140

Informationen zur Sucht................... 142

Vorwort

Als ich das erste Mal zu Marita fuhr, war AIDS fremd für mich. Nicht das Wort und dessen Bedeutung. Theoretisch wußte ich einigermaßen Bescheid. Doch ich ahnte nichts vom Denken, Fühlen und Handeln, das mit dieser Krankheit zusammenhängt. Betroffene kannte ich nicht.

Also trieb mich vor allem Neugier zu Marita. Vielleicht sogar ein bißchen Sensationslust. Ich wollte einen Artikel für die Zeitung über sie schreiben. Mit wenig Aufwand erhoffte ich mir einen guten, weil sicherlich schicksalsreichen Beitrag.

Zwei Stunden hatte ich für das Gespräch eingeplant, vorbereitet war ich nicht. Ich vertraute meiner journalistischen Routine. Doch die ließ mich im Stich. Schon beim Klingeln an Maritas Tür. Ungewohntes Magenkribbeln stellte sich ein, die trockenen Lippen bekam ich nicht feucht, die nassen Hände einfach nicht trocken. Bei der Begrüßung ließ ich sie vorsichtshalber tief versteckt in der Hosentasche. Das erste Kaffeeangebot von ihr lehnte ich resolut ab. Marita schien das erwartet zu haben, sie lächelte. Und sie erzählte mir von einem Mann, der bei ihr fast 18 Stunden in der Wohnung war. »Der ist in dieser Zeit nicht einmal auf Toilette gegangen, hat nicht einen einzigen Schluck getrunken, nicht einmal etwas gegessen. Und weißt du warum?« Ich schüttelte den Kopf, dabei hatte ich das unangenehme Gefühl, daß sie mir einen Spiegel vor das Gesicht hielt. »Weil er Angst vor mir und meiner Krankheit hatte.«

Aus den eingeplanten zwei Stunden wurden fünf. Marita faszinierte mich. Was und wie sie berichtete. Ich wollte mehr über diese Frau wissen, über ihr Leben als Hure, Junkie und AIDS-Kranke. Aus dem Artikelvorhaben entstand das Buchprojekt.

Mehrere Monate pendelte ich in unregelmäßigen Ab-

ständen von Erfurt nach Hamburg. Auf ihrer Wohnungs-
couch sitzend, erzählte mir Marita geduldig ihr Leben.
Wir unterhielten uns mit anderen Betroffenen, mit Pfle-
gern und Betreuern, die oft der letzte Halt von AIDS-
Kranken sind.

Monate, in denen ich viel lernte und nachdachte. Monate, die mich veränderten. Ich ärgerte mich nicht mehr
tagelang darüber, mit meiner Mannschaft ein Fußball-
spiel verloren zu haben. Mein Blutdruck geriet nicht
gleich in Wallung, wenn der Nachbar beim Parken grundsätzlich eine Zweimeterlücke ließ. Die Jeans zog ich
auch an, obwohl sie keineswegs knalleng saß. Das waren mit einem Mal alles so unwichtige Dinge geworden,
im Vergleich zu den Ängsten und Sorgen von Menschen
wie Marita.

Ich stellte fest, daß wir sie durch Egoismus, Unwis-
senheit, Desinteresse und die Gabe, alles Schlechte und
Unangenehme von uns zu weisen, ins Abseits drängen.
Die Folge ist Einsamkeit. Und das ist das Schlimmste
für HIV-Positive wie Marita.

Bevor ich Marita kennenlernte, war für mich AIDS
nur mit Häßlichkeit, Sterben und Schwäche verbunden.
Heute weiß ich, daß Menschen mit AIDS auch stark,
klug, schön und liebenswert sein können. Dank Marita.

Gerald Müller

Für die technische Mitarbeit am Buch bedanken wir
uns bei Ute Kobelt und Dirk Löhr.

Von der Lehre ins Milieu

»Ich war unheimlich oberflächlich, achtete nur auf Äußerlichkeiten. Für mich war wichtig, daß der Typ gut aussah, Geld und ein großes Auto hatte.«

Mir gefiel die Hose. Dunkelrot, aus Samt, sie paßte einfach phantastisch zu der weißen Bluse. Ich verspürte an diesem Morgen sogar ein bißchen Lust, in die Bank zu gehen.

In der Regel bereitete mir die Lehre keinen Spaß. Meine Eltern hatten mich nach der 10. Klasse dort hineingeschubst. Ich hätte viel lieber studiert, aber Mutter und Vater waren der Ansicht, ein Mädchen benötigt kein Abitur. Das hat zu heiraten und am Kochherd den Löffel zu schwingen. Journalistin, Ärztin oder eine höhere Polizistenlaufbahn im Sitten- oder Drogendezernat, das waren meine eigentlichen Träume gewesen.

In der Bank im Hamburger Zentrum empfing mich der Direktor wie jeden Tag schon an der Tür, musterte mich von oben bis unten. Doch diesmal ohne diese albernen Komplimente, daß ich dufte wie eine Rose und aussehe wie ein Engel. Er schien auch sein Lächeln vergessen zu haben, das seine Lippen bis zu den Ohren hochzog. Brummig murmelte er: »So geht das nicht, Mädel. Ich möchte, daß du einen Rock anziehst. Also fahr nach Hause und kleide dich um.« Ihn störte es nicht, daß ein Hin- und Rückweg von fast drei Stunden vor mir lag. Ich war sauer. Denn ich wußte, wie der Tag wieder abläuft. Mehrere Male würden mich die Kerle in der Bank beim Vorbeigehen auf den Po hauen. Einer kam dabei immer auf die Idee, mich auf die Leiter zu schicken, um Akten aus den oberen Regalen zu holen. Ihre Hälse wurden dann immer länger und die Sprüche immer blöder. Mich kotzte diese plumpe Anmache an.

Alle Männer hatte ich bis dahin abblitzen lassen,

mit meinen knapp 18 Jahren war ich immer noch Jungfrau. Nur aus Doktorbüchern hatte ich Erfahrungen gesammelt. Lust auf Sex verspürte ich überhaupt nicht. Teilweise ertappte ich mich, daß ich Horror davor besaß. Beispielsweise, als mir in der S-Bahn ein Typ so ein Gestell zeigte. Rund fünfzig Zentimeter lang. Ich kriegte einen Riesenschreck. Mensch, muß das wehtun. Später wurde mir klar, daß es aus Gummi war.

Die Lehre absolvierte ich mit Grausen, doch die Abende sorgten für den entsprechenden Ausgleich. Fast kein Tag verging ohne Discobesuch. Mit Leichtigkeit lernte ich Leute kennen. Ich sah gut aus, war 1,79 m groß, dunkelhaarig, langbeinig und vollbusig. An Angeboten mangelte es nie. Aber ich war unheimlich oberflächlich, wie die meisten, achtete nur auf Äußerlichkeiten. Für mich war wichtig, daß der Typ gut aussah, Geld und ein großes Auto hatte. Berechnend ließ ich mich stundenlang durch die Gegend kutschieren und in gute Restaurants einladen. Aber richtig ran an mich ließ ich niemanden.

Bis ich Bernd in der Disco auf St. Pauli sah. Ungefähr 1,80 m groß, langes dunkles Haar. Daß er einen Rolls Royce fuhr, war allen Mädchen bekannt. Er sollte mein Erster sein, das nahm ich mir ganz fest vor.

Als er an der Bar stand, stellte ich mich in seine Nähe. Keine fünf Minuten dauerte es, da forderte er mich zum Tanzen auf. Wir trafen uns in den nächsten drei Wochen jeden Tag. Aber mehr als Küssen ließ ich in dieser Zeit nicht zu. Bis er eines Abends zu mir sagte:»Du, wir können zu mir gehen, meine Eltern sind verreist.« Ich zuckte zusammen. Doch ich beruhigte mich. Irgendwann muß es ja mal sein.

Bei ihm zu Hause ging alles sehr schnell. Allerdings auf dem Fußboden, weil wir uns nicht ins Bett trauten. Der Fußboden knarrte fürchterlich. Als es endlich vorbei war, dachte ich nur: Okay, jetzt bist du entjungfert und kannst mit den anderen mitreden. Noch in der gleichen Nacht bin ich zu mir gefahren. Wir haben uns nie wieder gesehen.

Nach der Lehre fing ich nicht im Bankwesen an. Mir fehlte die Lust und auch ein guter Anstellungsvertrag.

Den erhielt ich von einer Textilfirma, wo ich als Sachbearbeiterin einstieg. Aber gefallen hat mir dieser Job auch nicht. Allein die Abende bei heißer Musik waren wichtig für mich. Da hatte ich keine Konkurrenz. Die Typen scharwenzelten scharenweise um mich rum. Überall stand ich im Mittelpunkt, bekam viele Angebote zum Flirten, aber auch zum Arbeiten.

Ich konnte auswählen und landete als Barfrau auf dem Luxusdampfer »Marie Ville«. Dort verkehrten viele Zuhälter und Prostituierte. Die Frauen faszinierten mich. Auch wenn mir meine Eltern immer eingeredet hatten, die sind schlecht, weil sie ihren Körper verkaufen. Das störte mich überhaupt nicht. Sie sahen topmäßig gekleidet aus, hatten Pelze und tollen Schmuck. Mit Geld konnten sie um sich werfen. Diese Unabhängigkeit imponierte mir.

Auf dem Dampfer lernte ich Gerd kennen. Für mich damals der schönste Typ Hamburgs. Schulterlanges blondes Haar, kräftige Figur, ein Traumbild von Mann. Obwohl er nur Käsevertreter war, verliebte ich mich auf den ersten Blick in ihn.

Gerd holte mich aus dem »Marie Ville« raus, er wollte nicht, daß ich in dieser Umgebung arbeitete. Ich zog zu ihm, in seine Dachwohnung nach Rahlstedt. Gerd fuhr weiter seinen Käse aus, ich wartete zu Hause auf seinen Feierabend. Aber das wurde immer langweiliger. Jeden Abend schleppte er Riesenpakete von Käse an. Wir aßen nur Käse. Spiegeleier mit Käse, Toast mit Käse, Brot mit Käse. Ich wollte keinen Käse mehr sehen. Doch viel mehr konnten wir uns nicht leisten, denn Gerd verdiente bloß 800 Mark. Geld, das einige Typen auf dem Dampfer an einem Abend ausgegeben hatten. Das machte mich wütend. Und ich dachte immer wieder an die Frauen. Die elegante Kleidung, das stolze Gehabe, der lockere Umgang mit Geld. Der Gedanke an Pelze, Schmuck, Reisen und Autos ging mir nicht mehr aus dem Kopf. Ich wollte auch Wohlstand. Und das schnell. Die Entscheidung über das Wie war längst gefallen, als ich sie Gerd mitteilte. Er hatte lediglich die Wahl, mich auf diesem Weg zu begleiten oder sich von mir zu trennen.

Der Aufstieg als Hure

»Freier waren für mich gesichtslos. Außer bei meinem ersten kann ich mich an kein Aussehen erinnern. Nur an die verschiedenen Geldbeträge.«

»Ich will anschaffen gehen.« Richtig erleichtert fühlte ich mich, als der Satz ausgesprochen war. Gerd legte das Messer aus der Hand, stand vom Abendbrottisch auf. Überraschend konnte es für ihn nicht kommen, immer wieder hatte ich zuletzt von den Frauen geschwärmt. Nervös spielte Gerd an einer Gabelspitze. »Aber wir kommen doch auch so über die Runden, auf das Geld sind wir gar nicht angewiesen.« »Ich weiß. Nur willst du dein ganzes Leben Käse in die Tante-Emma-Läden fahren? Willst du dich immer für lächerliche 800 Mark abschuften? Wir könnten uns so viel leisten. Schau dir diese Wohnung hier an, kein Bad, keine Dusche, nichts. Ne Gerd, das sind nicht meine Träume. Die sehen anders aus.« »Und wie willst du das anstellen?« »Ich habe mir alles schon genau überlegt. Wir mieten uns ein Appartement, und ich annonciere per Telefon in der Tageszeitung als Callgirl oder Modell.« »Klingt ja so, als ob daran überhaupt nicht mehr zu rütteln ist.« »Richtig, ich werde es tun, egal, ob du willst oder nicht.«

Am anderen Morgen nahm mich Gerd in die Arme. »Weißt du was? Ich habe die Nacht von einem tollen Urlaub geträumt. Mit dir zusammen.« Ich hatte es geschafft, Gerd war einverstanden. »Tu mir aber bitte einen Gefallen und laß mich die Sache erst mal in die Hand nehmen. Ich kümmere mich um alle Dinge, die vorher zu erledigen sind.«

Gerd kannte zahlreiche Leute aus dem Rotlichtmilieu, und so war es kein Problem, daß ich schon eine Woche später angelernt werden konnte. Morgens bin ich mit Gerd noch auf die Reeperbahn gefahren. Für 200 Mark haben wir dort Reizwäsche gekauft. Ein Höschen mit Spitze, dazu Strapse, einen BH und Strümpfe. Alles in roter und schwarzer Ausführung. Gerd setzte mich anschließend bei dem Zuhälter und seiner Frau in Eppendorf ab. Sie wohnten in einer Patriziervilla mit fünf riesengroßen Räumen. Ich hatte ein langes, hellblaues Cocktailkleid an, tief dekolletiert und enganliegend, darunter die Reizwäsche. Ich war fürchterlich aufgeregt. Die ganzen Tage zuvor hatte ich an einem Besenstil ausprobiert, wie man ein Kondom aufzieht. Abgemacht war, daß ich drei Tage zur Probe arbeiten sollte. Keine Viertelstunde konnte ich mich mit Angelika unterhalten, da klingelte es schon. Ein Mann Mitte 50, graue Haare, Goldrandbrille, mit dunkelblauem Anzug kam ins Zimmer. Hoffentlich will er nicht mich, bangte ich. Wie ein kleines Kind fühlte ich mich. Der Freier legte 150 Mark auf den Tisch und entschied sich, ohne zu zögern. Angelika war klein, unscheinbar, blond, flachbrüstig und pummelig. Ich genau das Gegenteil. Und darauf war er heiß.

Ich versuchte noch, ihn umzustimmen, ob er nicht vielleicht mit uns beiden Lust hätte. Doch sein »Nein« war deutlich. Ich zog mich mit ihm in ein mit Rotlicht beleuchtetes und durch Vorhänge abgedunkeltes Zimmer zurück. Ich hatte schweißnasse Hände, wollte auf keinen Fall, daß er meine Unerfahrenheit und Unsicherheit spürt. Mit der rechten Hand öffnete ich den Knoten von meinem Kleid. Es fiel zu Boden, und ich stand nur noch in Reizwäsche da. Der Freier saß mit gierigem Blick in der Ecke auf einem Sessel. Ich legte mich aufs Bett. Unwissend, daß dies zuerst der Freier zu tun hat. Zum Glück ging dann alles sehr schnell. Er rutschte ganz nah an mich heran und betatschte mich ein wenig. »Moment, erst ein Kondom drüberziehen.« Die Übung am Besenstil zahlte sich aus. Als er danach mein Knie berührte, passierte es schon.

Gott sei Dank, denn ich hätte mich wahrscheinlich von ihm richtig durchnehmen lassen. Nach einer Viertelstunde war er wieder weg. Gast Nummer zwei bedienten wir auf Wunsch des Freiers zusammen. Wie er aussah, weiß ich nicht mehr. Freier waren für mich in der Folgezeit gesichtslos. Außer bei meinem ersten kann ich mich nicht an ihr Aussehen erinnern. Nur an die verschiedenen Geldbeträge. 390 Mark verdiente ich am ersten Tag. In drei Stunden.

Von diesem ersten Geld kaufte ich mir ein zweiteiliges rotes Folklorekleid und für Gerd eine silberne Kette mit Amulett. Gerd war trotzdem überhaupt nicht glücklich. Er rechnete jede Mark sofort in Freier um und versuchte auch noch mal, mich umzustimmen. Vergeblich. Die schnelle Mark lockte. Gerds Monatsverdienst hatte ich innerhalb von zwei Tagen zusammen. Nachdem die Probe abgelaufen war, drängelte ich Gerd, seinen Job aufzugeben und sich nur noch mir zu widmen. Unbewußt baute ich ihn damit als Zuhälter auf.

Wir mieteten ein Ein-Zimmer-Appartement in der Hamburger Straße, legten es mit Teppichen aus, spannten eine rote Seidendecke über das Bett und verteilten dort mindestens zwanzig Kissen. Ich annoncierte in verschiedenen Tageszeitungen als ein schwarzhaariges, vollbusiges Modell, machte mich dabei mit 26 stets einige Jahre älter. Und der Zulauf war riesig, in der Regel hatte ich immer mehr als zehn Freier. Das bedeutete gutes Geld. Ich konnte es mir deshalb auch ohne weiteres erlauben, das großzügige Angebot abzulehnen, in einem Spielfilm mitzuwirken. 400 Mark Tagesgage sollte es geben. Ich wußte, daß ich bequem das Doppelte verdienen konnte. Zwei Jahre arbeitete ich als Callgirl in verschiedenen Stadtteilen von Hamburg. Das Schlimme dabei: Ich habe mich wirklich fast von jedem Freier durchbumsen lassen. »Falleschieben« beherrschte ich damals noch nicht. Woher auch? Niemand hatte mir von dieser Möglichkeit erzählt oder sie mir gezeigt. Erst im Eros-Center wurde ich eine Meisterin darin.

Für Gerd war meine Arbeit schlimm. Mir fiel es aber gar nicht auf, daß unsere Beziehung immer leidenschaftsloser wurde. Mich interessierte nur das Geld, und das floß reichlich. Wir konnten uns den Luxus leisten, den wir uns so gewünscht hatten. Nach drei Monaten fuhren wir einen Daimler, einen 250er SL, silber metallic mit schwarzem Leder. Wir mieteten uns eine tolle Wohnung in Rahlstedt, ich kochte nicht mehr, wir gingen nur noch essen. Kein Tag verging, an dem ich nicht 90 Mark für die Sonnenbank ausgab. Die heiße Liebe verglühte jedoch immer mehr.

Gerd betrank sich heimlich, war kaum noch ansprechbar. Er litt mächtig darunter, daß ich mit den fremden Männern Ym Appartement verkehrte, während er seine Runden drehte. Trost suchte er bei den Jägermeister-Flaschen und unserem Schäferhund, den wir als Schutz für mich gekauft hatten. Aber der war so albern, er hat den Freiern ständig die Socken geklaut und letztlich nur gestört. Deshalb nahm Gerd den Hund immer mit. Ich hatte dann mit der Zeit so viele Männer abzufertigen, daß ich selbst privat keine Lust mehr auf Sex hatte. Vor lauter Schmerzen.

Mit Handmassage wollte sich kaum ein Freier zufriedengeben, Französisch und Analverkehr lehnte ich ab. Blieb also nur das normale Bumsen, und das machte mir körperlich ganz schön zu schaffen. Ich war kaum noch fähig, mit Gerd zu schlafen. Das tat ihm sehr weh. Aber ich fühlte mich durch seine Nähe unheimlich geborgen und beschützt. Für die Arbeit im Appartement hatten wir ein Zeichen verabredet. Gerd klimperte stets mit dem Schlüssel, wenn er vor der Tür war. Wenn ich nicht öffnete, wußte er, daß ich einen Freier hatte. Wie bestialisch die sein konnten, lernte ich sehr schnell.

Ich wußte nicht, daß ein Masochist auch gleichzeitig ein Sadist sein kann. Wie verrückt haute ich auf einen solchen Perversling mit Stock und Peitsche drauf, ohne ihn jedoch zu fesseln. Ein Riesenfehler. Er riß mir plötzlich die Peitsche aus der Hand und drehte den Spieß um. Immer wieder schlug er auf mich ein. Ich schrie: »Gerd, Gerd, Hilfe, Hilfe«, nachdem ich das Klimpern gehört hatte. Doch es mußte eine Sinnestäuschung gewesen sein. Nichts tat sich. Keine Hilfe kam. Je mehr ich verzweifelte, desto doller langte er zu. Ich blutete am ganzen Körper, jammerte und heulte. Ein Hieb nach dem anderen traf mich. Mechanisch ging ich dabei Schritt für Schritt langsam rückwärts in Richtung Polstersessel. Ich bückte mich, griff unter das Kissen und bekam die versteckte Reizgas-Waffe glücklicherweise auch gleich zu fassen. Wie wild drückte ich ab, schoß dem Freier

zwischen die Augen. Ich weiß bis heute nicht, ob der Mann vielleicht erblindet ist. Schreiend rannte er aus der Wohnung heraus. Ich schmiß ihm die Klamotten durchs Fenster hinterher. Drei Wochen konnte ich nach diesem Erlebnis nicht arbeiten.

Und als ich gerade wieder angefangen hatte, überfielen mich Zuhälter. Ich wurde von ihnen abkassiert, weil ich angeblich in ihrem Revier verkehrte. Dann suchten sie in der Gegend unseres Appartements einen Callgirl-Mörder. Die Kripo zeigte mir das Phantombild. Ich kannte den Typen nicht. Am selben Tag, zwei Stunden später, stand er in der Tür, und bevor ich sie wieder zuschlagen konnte, hatte er seinen Fuß drin. Ein Jüngling, blond, lange Haare, Ohrring, mit einem Verband an der Hand. Er sah gar nicht aus wie ein Killer. Ich behielt die Nerven. »Ich erwarte in fünf Minuten einen Stammgast, du müßtest später noch einmal wiederkommen.« Er glaubte mir und verschwand. Doch meine Angst blieb. Eines Abends lernten wir in einer Bierpinte einen Jugoslawen kennen. Klein, schlank, braune Augen, exzellent gekleidet. Die Platin-Rollex mit Brillanten stach mir gleich ins Auge. Als Micky von meinem Job hörte, zeigte er sich sofort interessiert. »Ich könnte dir was Besseres bieten, vor allem viel mehr Schutz.« Er erzählte, daß er im Eros-Center auf St. Pauli einen Salon mit 15 Mädels leitete. »Du kannst dort richtig reich werden, innerhalb kürzester Zeit. Da ist das Geld, was du bisher verdient hast, Kleckerkram.« Das hörte sich toll an. »Wann könnte ich denn anfangen?« »Sobald du willst.« Ich redete mit Gerd darüber. »Du weißt, was das bedeutet? Dann bist du eine offiziell registrierte Prostituierte. Und damit ist deine Zukunft für die nächsten Jahre endgültig verbaut.« Ja, ich wußte es. Und ich wollte es. Der Reichtum lockte. Ich willigte bei Micky ein.

Schon zwei Tage später stand ich das erste Mal im Eros-Center. Ein quadratischer Innenraum von ungefähr 80 mal 80 Metern, mit vier Zugängen für die Freier, die auf dem Hof unter 450 Frauen auswählen konnten. 24 Salons gehörten zum Eros-Center, Micky war Chef vom »Amourette«. Für mein Zimmer mit Dusche und WC mußte ich täglich an ihn 70 Mark Miete zahlen.

Als ich das erste Mal auf dem Bett saß, den Bockschein vom Gesundheitsamt in der Hand, liefen mir die Tränen. Beruf: Prostituierte, wie sich das anhörte. Aber ich wußte, es gibt kein Zurück mehr.

Und dadurch, daß ich schnell viel Geld verdiente, entstand auch kein schlechtes Gewissen. Ich gehörte zu den bestverdienenden Frauen, mindestens ein Tausender am Tag sprang heraus. Das steigerte sich, je besser ich das »Kobern« beherrschte. Es genügten zwei, drei Tips von anderen Frauen, und ich konnte nach einigen Wochen selbst den Preis mit allerhand Tricks nach oben treiben.

100 Mark war die Standardsumme für normalen Verkehr. Sah ich die Chance auf mehr, legte ich los. Skrupel hatte ich dabei grundsätzlich nicht. Denn Freier waren Untermenschen für mich. Für Französisch oder Stellungswechsel mußte extra bezahlt werden. Wollte er das nicht, fragte ich: »Was hältst du davon, wenn wir es ohne Gummi machen?« Selten, daß einer nein sagte und den zusätzlichen Hunderter nicht akzeptierte. Ich koberte weiter. »Sag mal, hast du eigentlich schon mal Analverkehr gehabt? Legst jetzt noch mal 100 Mark drauf, und dann machen wir eine richtige geile Nummer?« Stimmte er zu, zog ich ihm einen Gummi über. Proteste, daß ohne abgemacht war, schmetterte ich sofort ab: »Aber Schätzchen, Analverkehr ist doch etwas ganz anderes, da müssen wir aus ästhetischen Gründen natürlich ein Kondom benutzen.« So hatte ich 300 Mark rausgezogen und versuchte nun, »Falle zu schieben«. Mein Glück war, daß ich ein sehr biegsames Hohlkreuz hatte. Immer wieder brachte ich den gleichen Text: »Paß mal auf, das tut ein bißchen weh, wenn du so aufrecht bist. Beuge dich über mich, stütze dich mit der einen Hand ab, dann kannst du mit der anderen ein wenig an meinem Busen spielen und kommst richtig tief rein.« In dem Moment hatte er kein Blickfeld mehr. Ich preßte eine Hand ganz fest zwischen meine Pobacken, und dort hinein bumste er dann. Bei dieser Art »Falleschieben« mußte ich nur aufpassen, daß der Freier sich nicht aufrichtete. Passierte es doch oder hatte er von vornherein mehrere große Scheine hinge-

legt, versuchte ich eine andere Variante. Mit der Ausrede, den Gummi wegen der Rutschgefahr festhalten zu müssen, klemmte ich meine Hand zwischen Penis und eigenen Po und ließ nur normalen Verkehr zu. Die Freier mußten immer das Gefühl haben, für ihr Geld unheimlich gut bedient zu werden. Ich versuchte, ihnen alle Illusionen zu vermitteln, ohne meine Prinzipien zu verletzen. Ich küßte niemals, machte es immer mit Kondom und ließ keinen richtigen Analverkehr zu. »Falleschieben« lautete meine Devise.

Obwohl Freier mich reich machten, verachtete ich sie. Deshalb konnte ich auch ohne weiteres abschalten. Ich verkaufte meinen Körper, aber niemals meine Seele. Gefühle kamen nicht ein einziges Mal auf. Ich tat meine Arbeit, wie andere auf der Schreibmaschine rumklimpern. Mir war egal, wer kam. Ob er prominent oder unbedeutend, dick oder dünn war, volles Haar oder Glatze hatte. Für mich war nur der von ihm gezahlte Preis von Interesse. Zeit bedeutete Geld in diesem Geschäft. Hochzeitsnächte waren nicht drin, einmal abspritzen und die Show war vorbei. Es sei denn, Geld sorgte für eine Verlängerung.

Meine meisten Freier hatte ich während der Fußball-Weltmeisterschaft, 63 an einem Tag. Da mußte ich eine Doppelschicht schieben, arbeitete 22 Stunden durch. Ich hielt nur die Tür auf, schon stand der nächste davor. Das war wie auf dem Jahrmarkt beim Bananenverkauf. Der Freier wedelte mit dem Hunderter, ich winkte ihn rein. Ich behielt an diesem Tag keinen Mann länger als eine Viertelstunde da, sonst hätte ich sie überhaupt nicht abfertigen können. An die 8 000 Mark verdiente ich da an einem Tag. Wahnsinn. Zweimal bekam ich diese Summe sogar nur für eine Nummer. Und zwar, als ich nach einem chirurgischen Eingriff im Unterleib ohne Schambehaarung arbeiten mußte. Ein Freier fuhr total darauf ab. Mit finanziellen Extrazulagen überredete er mich, daß ich für ihn mehrere Tage unten rasiert war. Zwei Wochen machte ich das mit, dann hatte ich den Kanal voll. Ich vermittelte ihn an andere Frauen, nach kurzer Zeit hieß er bei uns nur noch der Rasierer. Ich hob im Eros-Center richtig ab. Geld konnte ich

planen. Nach dem Motto: Nächsten Monat kaufen wir uns eine neue Daimler-Limousine, zwei Wochen später fahren wir an die spanische Küste, danach legen wir uns eine Goldkette und die zweite Rollex zu. Ich konnte jeden Tag rund 800 Mark auf das Konto tragen und trotzdem mit Gerd noch unheimlich gut leben.

Aber von der einstigen Liebe war wenig übriggeblieben. Ich dachte nur noch an das Geldverdienen. Gerd war inzwischen selbst in das Milieu eingestiegen und zum Lebemann geworden. Manchmal sahen wir uns drei, vier Tage hintereinander nicht. Da war es dann schon fast selbstverständlich, daß ich im Sommer 1979 allein in den Urlaub fuhr. Auf Gran Canaria umschwärmten mich die Männer. Das gefiel mir, ich vermißte Gerd überhaupt nicht. Braungebrannt kehrte ich nach zwei Wochen ins Eros-Center zurück. Gerd kam gleich vorbei, wollte wieder alles einrenken. Doch ich sagte nein, zumal ich inzwischen Hinweise bekommen hatte, daß er fremdging.

Aber ich blieb nur kurz allein. Genau drei Tage. Im »Discoclub 88« auf der Reeperbahn schüttete ich mich mit Alkohol zu. Auch wenn ich es aus lauter Stolz nicht zugeben wollte: Über die Trennung kam ich nur schwer hinweg. Ich saß an der Bar. Rechts neben mir stand ein Mann, der aussah wie Robert Wagner und sich als Bankkaufmann vorstellte. Es war charmant, wie er redete, nett, wie er Komplimente machte. Wir verbrachten nicht nur den Abend miteinander, sondern auch gleich die Nacht. Ich fühlte mich von ihm wie eine Königin behandelt, meinen Job als Hure fand er richtig toll. Mich störte auch nicht, daß ich im nachhinein erfuhr, daß er Zuhälter war und wegen verschiedener Delikte auch schon Schwierigkeiten mit der Polizei gehabt hatte.

Ich war blind, ließ mich total blenden und einschüchtern. Drei Tage nach Beginn unserer Bekanntschaft zogen wir zusammen in ein Hotel. Und schon nach zwei Monaten machte er mir einen Heiratsantrag. Er sollte auf ein altes Delikt in den Knast wandern. »Bitte heirate mich Marita, dann krieg ich nur Bewährung«, flehte er. Als er schon saß, habe ich ja gesagt, und er ist auf Bewährung rausgekommen. Ich heiratete.

Bandenkrieg der Zuhälter

»Ich war für die Zuhälter wie ein Sechser im Lotto. Eine Geldquelle, die immer sprudelte. Nur deshalb hofierten sie mich. Mit mir war Gewinn programmiert.«

Trauzeugen bei der Hochzeit waren pikanterweise Gerd und seine Freundin. Ich hatte es mir gewünscht, weil ich hoffte, damit Gerd zu treffen. Die Hochzeit war ein Riesenfest. Possner* hatte ein ganzes Café gemietet und nicht nur Leute aus der Rotlicht-Szene, sondern auch Rechtsanwälte und Doktoren eingeladen. Die Stimmung war ausgelassen. Auch bei mir. Bis Possner kurz vor Mitternacht einen Spruch losließ, der mich das erste Mal nachdenklich stimmte: »Wir feiern die ganze Nacht. Und wenn meine Frau dafür 24 Stunden im Puff stehen muß.« Noch am selben Abend erfuhr ich, daß er vor unserem Kennenlernen bereits zwei Morde begangen und dafür mehrere Jahre im Knast gesessen haben soll. Auf was und auf wen hatte ich mich da nur eingelassen?

Ich brauchte nicht lange, um den größten Irrtum meines Lebens zu begreifen. Schnell lernte ich Possners wahres Gesicht kennen. Daß er den Großteil meines damaligen Monatsverdienstes von 50 000 Mark verzockte, war dabei noch das kleinste Übel. Ich konnte mich auch gar nicht lange darüber ärgern, denn er überraschte mich mit der Mitteilung, daß wir nach Frankfurt gehen würden. Dort gäbe es noch mehr Geld zu verdienen. Mich störte das zwar, aber ich wehrte mich nicht. Er war Zuhälter, ich seine Hure, also hatte ich zu gehorchen. Und, daß er für mich drei Frauen aufgab, die er nebenbei noch laufen hatte, machte mich auch stolz.

In Frankfurt arbeitete ich in verschiedenen Durchlaufhäusern in der Nähe der Kaiserstraße. Doch das Geschäft lief längst nicht so gut wie in Hamburg.

Possner wollte sich damit nicht abfinden und fing bereits bei kleineren Streitereien an, mich zu schlagen.

---

* Name geändert

Anfangs war es oft nur ein kleiner Klaps, doch je mehr wir uns verkrachten, um so gewalttätiger wurde er. Immer häufiger schlug er mir mit der Faust ins Gesicht und beschimpfte mich auf das Übelste. Monatelang ging das so. Mit Schminke vertuschte ich die blauen Flecken. Als er mich im Hotel wieder einmal niedergeschlagen hatte, heulte ich stundenlang. Ich war nervlich am Ende. Ständig hämmerte es in meinem Kopf: Wie schaffst du dir diesen Kerl vom Hals? Da er mir immer wieder gedroht hatte, daß ich ihn nie mehr loswerde, blieb nur eins: Ich mußte ihn kaltmachen lassen. Ganz vorsichtig erkundigte ich mich bei meinem Puffbesitzer, der mir einen Franzosen aus Marseille vermittelte.

Eine Woche später trafen wir uns in Frankfurt. Er hatte eine Narbe quer über die Wange seines pockennarbigen Gesichts, der Kopf mit den grünen Augen saß auf einem viel zu kleinen Hals. 20 000 Mark forderte er, eine Hälfte im voraus, die andere nach Erledigung des Auftrages. Aus seinem Mund hörte sich das alles so einfach an. Ich willigte ein und verabredete mich mit ihm für einen »Probedurchlauf«.

Er sprach wenig, auch als wir uns im Puff zur Übergabe der ersten 10 000 Mark trafen. Das Paßfoto von Possner steckte er sofort in seine Manteltasche. Dann fuhren wir zusammen in das Stammlokal von Possner, wohl wissend, daß er nicht da war.

Ganz kurz schilderte er mir in gebrochenem Deutsch seinen Plan. Er wollte Possner in diesem Lokal zufällig kennenlernen, zu mehreren Drinks einladen und ihn dann im besoffenen Zustand noch zu einer Spritztour zu zwei Mädels überreden.

Wir stiegen in seinen alten klapprigen VW-Käfer und fuhren stadtauswärts. 20 bis 25 Minuten ungefähr. Plötzlich hielt er mitten auf der Landstraße an. Eine Seitengabelung führte abschüssig zu einer Kiesgrube. Er machte das Handschuhfach auf und holte eine Knarre raus. Ein automatischer Colt, eine Magnum. Er legte ihn an meine Schläfe. Meine Nackenhaare richteten sich auf, ich kriegte Gänsehaut. »Und dann machen peng, peng. Dein Mann fährt mit Auto ins Wasser, plup, plup.« Ich fror nicht mehr, dafür trat mir Schweiß aus

Hochzeit mit Possner, 1979

den Poren. »Bitte zurückfahren.« Mir wurde klar, daß ich den Mord nicht mehr wollte.

Noch an diesem Abend traf ich mich mit Possner. Ich erzählte ihm nichts von meinem verworfenen Plan, war dafür in den folgenden Tagen unheimlich nett und gut zu ihm. Aber er änderte sich nicht. Das Geld, was ich erarbeitete, verzockte er. Er protzte vor den anderen Zuhältern, spielte den großen Max, betrachtete mich als sein Eigentum. Er kotzte mich an. Aber die Sache mit dem Killer war ja erledigt, die hätte ich seelisch nicht gepackt. Also gab es nur die Möglichkeit, daß ich mir einen Stärkeren suchte. Ein Typ namens Pit wurde mir empfohlen, bekannt als eisenharter Beschützer. Wieder half mir der Puffboß, einen Kontakt herzustellen, erneut mußte ich 10 000 Mark hinblättern. Pit, ein Baum von einem Mann, ging gleich nach dem ersten Treffen zu Possner ins Hotel und drohte ihm: »Marita ist ab heute meine Frau, du hast gar nichts mehr zu melden. Kommst du nur zehn Meter an sie heran, dann reiße ich dir den Arsch auf.« Einen neuen Mann hatte ich ja gar nicht gesucht, ich wollte nur den alten loswerden. Allerdings verknallte sich Pit in mich und versuchte immer wieder, mich ins Bett zu bekommen. Als wir eines Abends gemütlich auf seiner Couch saßen, holte er seinen größten Hund ins Zimmer. »Ulli-Bulli«, nannte er ihn. Diese Anrede ließ mich schon stutzen. »Ulli-Bulli« kam mit einer Latte an und wollte zu uns kriechen. Da habe ich natürlich schnell drei mal drei zusammengezählt. Ich machte einen Satz nach vorn, schnappte meine Klamotten und rannte aus dem Zimmer.

Nach diesem perversen Erlebnis führte ich mit Possner ein sehr langes Telefongespräch. Er versprach mir mit weinerlicher Stimme, mich nie mehr zu schlagen, bat mich immer wieder um Verzeihung. Ich glaubte und vertraute ihm. Und er war zunächst auch der liebste Ehemann auf Erden, überhäufte mich mit Gefälligkeiten und Geschenken. Auf meinen Wunsch kehrten wir zusammen nach Hamburg zurück und zogen nach Pöseldorf.

Ich fing wieder im Eros-Center an, aber nicht im

Girl Nr. 1, 1981

Salon von Micky, sondern bei Stefan, dem kräftigsten Puffbesitzer. Ich verdiente wie früher sagenhaft gutes Geld, war gefragt wie eh und je. Nicht nur bei Freiern, sondern auch bei Magazinen. Nachdem Possner ohne mein Wissen Fotos verschickt hatte und ich in einer amerikanischen Zeitschrift zum Playmate des Monats gewählt wurde, überhäufte mich vor allem ein süddeutscher Porno-Verlag mit Angeboten. Ich ließ mich dann auch für bescheidene 6 500 Mark zu einem Aktfilm überreden, der unter dem Titel »Girls 1« lief. Er hatte eine Auflage von mehr als einer halben Million und wurde europaweit verkauft. Possner schwebte im siebenten Himmel. Seine Frau ein Filmmodell, das ehrte ihn persönlich.

Seine Besitzansprüche wurden in der Folgezeit wieder unerträglich. Genauso seine Spielsucht, die Tausende von Mark verschlang. Mein erarbeitetes Geld. Irgendwann kam dann erneut der Punkt, an dem ich das alles nicht mehr mitmachen wollte. Ich zog aus der gemeinsamen Wohnung aus und mietete mich in einem Luxusquartier ein. Seit unserer Hochzeit hielt dieser ständige Wechsel zwischen Flucht und Rückkehr, zwischen Haß und Liebe an. Doch diesmal war ich fest entschlossen, den endgültigen Schlußstrich zu ziehen. Zugute kam mir, daß Possner vor Stefan mächtigen Respekt, ja sogar Angst hatte. Aber einfach auf mich verzichten, das konnte er auch nicht. Schließlich war ich als Frau für jeden Zuhälter wie ein Sechser im Lotto. Eine Geldquelle, die immer sprudelte. Nur deshalb wurde ich von den Luden hofiert. Mit einer Hure als Trümmerpartie ist ein Zuhälter nichts wert, mit mir war Gewinn programmiert.

Possner suchte sich auch einen starken Mann, Aqua. Der wollte von Stefan 100 000 Schutzgeld für mich. Fifty-fifty hätten sich das Aqua und Possner geteilt, als Gegenleistung wollten sie mich in Ruhe lassen. Stefan ging aber auf die Erpressung nicht ein, schließlich war er die Nummer eins auf dem Kiez.

Eine knisternde Spannung breitete sich danach im Salon »Mademoiselle« aus. Welche Reaktion würde es geben? Innerhalb von 20 Minuten füllte sich der Puff mit der Kiezszene. Zuhälter und Banden erschienen bewaffnet mit Baseballschlägern, Pistolen und Holzlatten. Im Salon, der nur so groß wie eine normale Wohnstube war, standen plötzlich über 50 Personen. Wieder klingelte das Telefon, Possner und Aqua forderten noch einmal meine Herausgabe oder die Zahlung des Geldes. Die Lage spitzte sich zu, selbst auf den Dächern des Eros-Center lungerten bereits verschiedene Bandenmitglieder. Aqua telefonierte erneut und verabredete sich mit Stefan zu einem Gespräch in der »Ritze«. Die Nacht war schon fast vorbei, der Hof im Eros-Center leer. Ich war die einzige Frau, die noch anwesend war. Um mich, um mein Geld, daß die Zuhälter wollten, ging es ja schließlich auch.

Zusammen mit Stefan und seiner Bande gingen wir über den Hof auf die Reeperbahn. Es hatte leicht angefangen zu nieseln, die gespenstische Stille machte mir Angst. Nur meine Pumps waren zu hören. Klack, klack, klack. Krimi-Atmosphäre. Aber leider live. Ständig schaute ich nach links und rechts. Irgendwo konnte ja jemand stehen, mit der Knarre im Anschlag. Doch wir kamen schadlos in der »Ritze« an. Ich saß in der Mitte, Stefan legte den Arm um mich. In der anderen Hand hatte er eine Kanone. Wir warteten. Zusammen mit einer Vielzahl anderer Zuhälter. Aber die Gegenseite kam nicht. Der Kiez und ich hatten wieder Ruhe. Und das für längere Zeit.

Denn Possner wurde zwei Tage später verhaftet. Der Grund lag bereits einige Wochen zurück. Im Haus eines Kumpels hatten Possner und ich einen Privatclub eröffnet. Die Einnahmen sollten geteilt werden. Wir hatten drei Schlafzimmer im ersten Stock eingerichtet und eine große Bar eingebaut. Ich stand oft selbst hinter dem Tresen und habe dabei, in den tollsten Modellkleidern, richtig die Chefin rausgucken lassen. Das tat mir gut. Aber Possner schlug mich, wenn er besoffen war. Auch an jenem Abend, als ich von der Arbeit aus dem Eros-Center kam.

Aus lauter Verzweiflung fuhr ich zu Thomas, dem Hausbesitzer. Er war ein Freund für mich, ich suchte nur Trost bei ihm. Possner raste mir in seiner wahnsinnigen Eifersucht nach. Er schlich in das Haus hinein in der Hoffnung, Thomas und mich in flagranti zu erwischen. Ich hatte überhaupt keinen Bock auf Thomas. Possner, ein ehemaliger Boxer, trat die Zimmertür ein und stürzte sich sofort auf Thomas, der vollkommen überrascht und wehrlos war. Als ich Possners blutunterlaufene Augen sah, kriegte ich Panik, schnappte meine Sachen und brauste in Richtung Stadt davon.

Possner kam am nächsten Morgen mit blutverschmierten Klamotten, dafür aber wieder nüchtern, nach Hause. »Was ist mit Thomas?« »Ich habe ihn in den Teppich gerollt und auf die Müllkippe gefahren.« Der hat ihn kaltgemacht, das stand für mich fest.

Doch Thomas konnte sich aus dem Teppich befreien, war auf allen Vieren auf die Landstraße gekrabbelt, wo ihn ein Autofahrer aufgelesen hatte. Bei der Polizei ließ er Possner hochgehen.

Von der Neugier zur Sucht

»Mit dem ersten Kick war ich abhängig. Es bewahrheitete sich: einmal Heroin, immer Heroin.«

Zu zweieinhalb Jahren wurde Possner verurteilt. Ich war erleichtert und arbeitete weiter in Stefans Puff. Im Eros-Center lernte ich zu dieser Zeit beim Back-Gammon-Spiel einen Wirtschafter aus einem anderen Salon kennen. Hans sah aus wie ein Indianer, hatte lange schwarze Haare, spielte bei jeder Gelegenheit auf seiner Gitarre. Seine natürliche Art gefiel mir. Geld und Luxus schienen für ihn keine Rolle zu spielen. Ich dagegen rannte selbst zum Bäcker mit der Rollex. Mein Outfit mußte immer stimmen, auf Äußerlichkeiten legte ich riesigen Wert.

Aus anfänglicher Kumpelei entwickelte sich zwischen uns eine sanfte Liebe. Nach drei Monaten schliefen wir das erste Mal miteinander. Ich hatte alles richtig toll geplant, wollte ihn nicht einfach so vernaschen. Im Hotel liebten wir uns drei Tage und drei Nächte. Doch in den schönsten Momenten riß er sich manchmal von mir los und verschwand nach draußen. Das konnte ich nicht begreifen. Als Entschuldigung gab er eine Blasenentzündung an. Das beruhigte mich zunächst. Doch den eigentlichen Grund bekam ich einige Wochen später mit. Ich wollte es anfangs nicht glauben, was mir im Eros-Center über Hans erzählt wurde. Doch mein Mißtrauen stieg. Er hielt sich auf der Toilette manchmal über eine halbe Stunde auf, kam danach zumeist euphorisch und gut gelaunt heraus. Ich wußte, daß Süchtige diesen Ort gern aufsuchen. Als sich Hans wieder einmal über zwanzig Minuten eingeschlossen hatte, legte ich mich bäuchlings auf den Wohnungsflur und schaute durch die Belüftungsöffnung. Während ein Löffel klimperte, sah ich eine Kulturtasche, eine Spritze und ein Stück Zitrone auf dem Boden liegen. Als Hans die Tür öffnete, sagte ich wütend: »Du hast dir doch eben einen Druck gesetzt. Ich finde das totale Scheiße. Wenn, dann mache es vor meinen Augen.«

Das tat er dann auch. Einerseits widerte mich das an, zum anderen faszinierte es mich. Als gelernter Krankenpfleger konnte Hans erstklassig treffen. Wenn er die Spritze in der Vene hatte, ekelte ich mich aber davor. Und ich hatte immer Angst, daß er eine Überdosis nimmt.

Mehrere Male am Tag setzte sich Hans einen Druck. Ich spürte, wie unsere Beziehung darunter litt, denn oft klappte er einfach zur Seite und war nicht ansprechbar.

Daß Hans zudem mächtig nervös und gereizt sein konnte, erlebte ich auch. Tagelang raste er zum Briefkasten. Mit leeren Händen kehrte er immer nach oben zurück und sagte nur: »Scheiße«. Es war fast unmöglich, richtig mit ihm zu reden. Dann fing er jeden Tag den Briefträger ab, umsonst. Worauf Hans wartete, verriet er mir nicht.

Als ich eines Morgens erst um 10.00 Uhr aus dem Eros-Center kam, übergab mir der am Nachbarhaus stehende Postbote einen dicken Brief, adressiert an Hans. Der Absender machte mich stutzig: Peter Lustig, ZDF Mainz. Ich öffnete den Brief und fand einen kleinen Plastikbeutel mit braunem Pulver. Heroin. Ich händigte Hans den Stoff nicht aus, schließlich wollte ich nicht, daß er drückt. Ich machte mir keine Gedanken über die Folgen, wußte ja nicht, was Sucht bedeutet. Ich beschlagnahmte den Beutel, verstaute ihn unter dem Kopfkissen und schlief darauf selig ein. Mittags weckte mich Hans und gab mir Bescheid, daß er mit seinem Freund Eddi dringend nach Frankfurt muß.

Als sie weg waren und ich ausgeschlafen hatte, holte ich das Beutelchen wieder vor und warf es auf den Tisch in der Küche. Dort stellte ich den Spiegel auf und machte mich für den Puff fertig. Ich kämmte meine langen schwarzen Haare nach hinten, setzte ein Stirnband auf und legte meinen Schmuck an. Davon hatte ich reichlich Auswahl, im Wert von 600 000 Mark z.B. Brillantstecker, Colliers, Ketten und Ringe. Doch ich konnte mich überhaupt nicht richtig konzentrieren. Ich nahm das Beutelchen wieder in die Hände. Ich war neugierig, hatte so viel in letzter Zeit darüber gehört und gelesen. Sniefen von Heroin soll nicht gefährlich sein, wer hat das nur schon mal zu dir gesagt? Derjenige fiel mir nicht ein, aber an den Spruch glaubte ich. Ich kramte einen dicken Strohhalm hervor, drittelte ihn, schüttete etwas Pulver auf den Spiegel, holte die Rasierklinge und legte mehrere Bahnen. Anschließend zog ich das Heroin mit der Nase ein. Ganz, ganz vorsichtig. Denn ich hatte eine Menge Schiß. Als ich fertig war, rief ich ein Taxi. Nach einer Viertelstunde kroch ein warmes, wohlig angenehmes Gefühl meinen Körper hoch. Ich fühlte mich wie in Watte gehüllt, hatte nur noch den Wunsch, auszusteigen und den Rest zu Fuß zu gehen. Der Taxifahrer mußte anhalten, ich schwebte wie auf einer Wolke zum Eros-Center. Im Puff ging ich gleich ins Bad zum Spiegel. Die Pupillen in den Augen waren fast völlig weg, mit ihnen die schöne braune Farbe. Nur noch eiskaltes Grün blinkte. So hatte ich meine Augen noch nie gesehen. Aber letzlich war es mir egal, mit einem seligen Lächeln stellte ich mich an die Mauer. Mich störte überhaupt nichts. Ich verdiente mehr denn je an diesem Tag.

Als ich zu Hause war, habe ich gleich wieder gesnieft. Hans und Eddi waren noch nicht da, die blieben vier Tage weg.

In dieser Zeit machte ich fünf Gramm nieder, für einen Anfänger sehr viel. Am fünften Tag wurde mir kalt, ich bekam Schüttelfrost, Schweißausbrüche, Würgereiz und Durchfall. Mir ging es richtig dreckig. Erst dachte ich an eine Grippe, doch ich ahnte schon, daß es ein kleiner Entzug war. Hans wollte ich die Wahrheit nicht sagen, also ging ich zu Eddi. Ich nahm 450 Mark mit und bat ihn, mir davon ein bißchen Heroin zu besorgen. Er kaufte aber nur für 50 Mark ein, steckte sich den Rest ein und streckte den Stoff mit Askorbinsäure. Und so brannte es ganz fürchterlich in der Nase. Es half mir jedoch kurzzeitig. Dann fuhr ich selbst noch in ein Szenelokal, da haben sie mich als Neuling auch total angeschissen. Für 150 Mark verkauften sie mir Sand.

Ich überwand meinen ersten ganz kleinen Affen. Nach einer Woche fühlte ich mich schon wieder blendend. Ich betrachtete das Ganze als kleines Abenteuer. Mit Hans konnte ich mir ein gemeinsames Leben vorstellen, ich mietete für uns ein zweistöckiges Landhaus in Maschen. Es stand am Waldesrand, hatte einen schneeweißen Spitzgiebel, Butzenscheiben und eine ganz breite Tür mit wundervoller Malerei. Das Wohnzimmer mit Kamin war geschnitten wie ein halbes Hufeisen. Oben waren die Gästezimmer, insgesamt hatte das Haus eine Größe von 240 Quadratmetern. Traumhaft, wir fühlten uns glücklich.

Ich kaufte mir eine französische Bulldogge. »Berry« hatte einen Körper wie ein Schwein, Flecken wie eine Kuh und Ohren wie eine Fledermaus. Ich liebte ihn über alles. Auch als »Biene«, ein Geschenk von Stefan, noch dazu kam. Sie sah aus wie eine Klobürste, eine Mischung aus Rehpinscher und Yorkshire. Sie hatte ganz lange dürre Beine, einen Körper wie ein Hotdog, einen Kopf wie ein Rehlein. An Heroin dachte ich überhaupt nicht mehr.

Einige Wochen später nahmen wir Eddi bei uns auf. Am ersten Abend saßen wir schön gemütlich um das Kaminfeuer. Auf einer herrlich weißen Ledergarnitur, die das halbe Wohnzimmer ausfüllte. Hans hatte noch einige andere Freunde mitgebracht, es war eine richtig tolle Atmosphäre.

Ich hatte immer noch wenig Ahnung von der Szene, kümmerte mich deshalb auch nicht um die Heimlichtuereien in der Kaminecke. Ich war von der Arbeit gekommen und hatte in die Obstschale meinen Tagesverdienst von 1 200 DM reingelegt. Dem Hans beichtete ich an diesem Abend, daß ich einige Wochen zuvor sein Heroin genommen hatte. Hans war überhaupt nicht böse. Er sah das Geld: »Soll ich uns für 500 Mark ein geiles Gift holen?« Ich bekam feuchte Finger und nahm den Tausender. »Okay, bringst mir den Rest wieder.« Nach ungefähr einer Stunde kam er und brachte auch korrekt ein Gramm mit und 500 Mark zurück.

»Ich will jetzt endlich auch mal wissen, was so ein Druck bedeutet.« »Du bist wohl wahnsinnig geworden.

Sniefen kannst du, aber mehr nicht.« Wir diskutierten eine Stunde, dann brauchte Hans seinen Stoff. Ich bestand darauf, ihm wieder zuzugucken. Es knackte richtig, in seiner Armbeuge war schon alles vernarbt und verknorpelt. Danach nervte ich Hans immer wieder: »Ich will jetzt wissen, was ein Druck bedeutet. Einmal nur. Ein einziges Mal.« Jeder, der mit Heroin anfängt, denkt, daß es dabei bleibt. Obwohl er eigentlich niemanden kennt, bei dem es so ist. Hans sagte schließlich: »Ja, okay, schiebe den Pullover nach oben.« Ich hatte panische Angst vor Spritzen. Blutabnehmen war mir ein Graus. Hans beruhigte mich: »Mach mal eine Faust.« Dann band er den Arm ab und drückte das Gift allmählich in meinen Körper. Das Gefühl danach werde ich nie vergessen. Ein Feuerwerk im Gehirn, ein Orgasmus im Kopf, das schönste Gefühl, das ich bis dahin erlebt hatte. Ein Kick, der abhängig macht. Danach fiel ich auf den Lederelementen in mich zusammen und kriegte nur noch mit, daß Hans in den Hobbykeller zum Squashspielen ging. Wieder aufgewacht bin ich, als Hans über mich gebeugt Mund-zu-Mund-Beatmung machte. Es war zuviel Gift beim ersten Mal; trotz der geringen Ration war ich knapp an einer Überdosis vorbeigeschlittert. Mir ging es trotzdem nicht schlecht, das Feeling im Kopf blieb wunderschön. Deshalb glaube ich, daß der goldene Schuß ein wunderbarer Tod sein muß.

Hans war fix und fertig. »Nie wieder mache ich dir einen Druck.« Doch schon am nächsten Tag setzte er auf mein Drängen wieder die Spritze an. Es bewahrheitete sich: einmal Heroin, immer Heroin.

Durch das Pulver kam Hans an mein Geld, weil er mir immer neuen Stoff besorgen sollte. Ich rief ihn jeden Tag vom Eros an, wenn ich ungefähr 400 Mark zusammen hatte. Anfangs kam er noch hoch in den Salon, hatte die aufgezogene Pumpe immer in einer Socke versteckt. Aber Stefan fiel die Veränderung an mir auf. Ich war nicht mehr so locker, oft tränig und nervös. Daß Hans heroinsüchtig war, wußte jeder im Eros. Stefan nahm meinen Arm und sah die Einstiche. Überschminken konnte ich sie nicht mehr. Ich trug nur noch Samthandschuhe, die bis zur Armbeuge reichten. Stefan schnappte sich daraufhin am anderen Tag Hans. »So einen Nadelpiekser wie dich brauchen wir nicht in Hamburg, du Schwein.« Und dann schlug er ihn zusammen. Hans hatte keine Chance gegen Stefan. Ich stand da und rief immer wieder: »Stefan, laß den Hans in Ruhe, bitte, bitte.« Ich wußte ja, daß der meine Pumpe in der Socke hatte. Als Stefan mit Hans fertig war, kroch der auf allen Vieren, schwer atmend, aus dem Zimmer. Zwei Rippen waren gebrochen. Aber ich dachte nur an die Pumpe. Drogensucht ist eben immer verbunden mit Egoismus. Ich zerrte Hans in mein Zimmer, krempelte seine Jeans hoch und zog die Pumpe aus der Socke. Ich gab ihm noch einen kurzen Kuß und sagte: »Du mußt jetzt schnell verschwinden, sonst schlägt er dich tot.« Und dann habe ich mir das erste Mal selbst den Druck gemacht. Oft hatte ich vorher ja bereits zugeschaut. Es machte mir auch nicht viel aus, die Spritze in die Vene zu hauen, obwohl es bedeutend länger als bei Hans dauerte, bis ich traf. Ich brauchte zu dieser Zeit ungefähr viermal am Tag einen Druck. Morgens, zweimal während der Arbeit und nach Feierabend.

Hans bekam von Stefan für das Eros Hausverbot ausgesprochen. Also mußten wir eine andere Variante der Stoffübergabe wählen. Hans fuhr in die Tiefgarage des Eros-Center, lief die Treppe zum Kontakthof hoch und schaute zur verabredeten Uhrzeit kurz durch die Tür hinein. Ich lief daraufhin eilig zum Auto, und wir fuhren eine Runde um die Reeperbahn. Die aufgezogene Pumpe lag stets in der Mittelkonsole. Wenn die Ampel rot zeigte, knallte mir Hans die Spritze in den Arm und fuhr mich danach wieder zurück. Mein Konsum steigerte sich unheimlich schnell. Als Grund für jede kleine Depression, für jede Laune redete ich mir einen fehlenden Druck ein. Ich erkannte, daß es so nicht mehr weitergehen konnte, zumal es auch das Aussehen beeinträchtigte. Ich war unheimlich eitel, wollte unbedingt meinen makellosen Körper behalten. Hans und ich versuchten selbst einen Entzug. Während es Hans nicht schaffte, hielt ich mehrere Wochen durch.

Bis zu jenem Tag, als Hans mit leichenblasser Mine ins Eros-Center kam. »Berry ist tot.« Mein Liebling. Ich hing so an ihm. Wir fuhren sofort nach Hause. Dort ließ ich mir von Eddi erzählen, daß Berry nach einem Waldspaziergang plötzlich Schaum vor dem Mund hatte und kurze Zeit später in seinem Körbchen gestorben war. Ich begrub ihn auf dem Hundefriedhof. Grauenhaft, denn nichts hatte auf den Tod hingedeutet. Hatte Possner, der seit einigen Wochen wieder aufgetaucht war und mich mit Briefen und Anrufen bedrohte, seine Hände im Spiel? Ich wußte es nicht.

Nach Berrys Beerdigung heulte ich die ganze Nacht. Am anderen Tag bat ich Hans, Gift zu holen. Nach drei Monaten Pause war ich wieder drauf. Mehrmals täglich benötigte ich wieder einen Druck. Aber Menschen, die mich nur flüchtig kannten, fiel meine Sucht weiterhin nicht auf. Ich drückte im Reißverschlußverfahren, ging die Vene Millimeter für Millimeter nach unten beziehungsweise oben. Ich trug Spitzenhandschuhe, war weiterhin ganz edel gekleidet. Ich lief in Klamotten rum, die sich sonst kein Junkie leisten konnte.

Nur Stefan ließ nicht locker. Er kontrollierte jede Woche meine Arme und hielt mir immer einen Riesenvortrag, wenn er einen Einstich entdeckte. Diese Bevormundung hatte ich satt, ich wollte weg. Ein schlimmes Erlebnis gab mir den Rest und erleichterte die Entscheidung. Es war ein Samstagabend. Das Geschäft lief so toll, daß ich gar nicht runter in den Hof mußte. Die Männer kamen hoch.

So zog ich mich zwischen den einzelnen Freiern gar nicht richtig an. Über das Dekolleté und den BH hatte ich lediglich ein weißes Frotee-Handtuch gebunden, als ich in den Salon ging. Kaum war ich dort, wurde mir Bescheid gesagt, daß wieder ein Kunde auf mich warten würde. Gut gelaunt, mit 300 Mark vom letzten Freier in der Tasche, lief ich zum Zimmer 1. Ich machte die Tür auf und stutzte. Possner. Mit einer Perücke und einer Schiebermütze darüber – ich erkannte ihn sofort. »Mach die Tür zu.« Ich drückte die Klinke, drehte mich um und schaute in die Mündung einer Waffe. Mein Herz klopfte bis zum Hals, der Schweiß trat aus den

Poren. Das erste Mal im Leben hatte ich Todesangst. »Du, ich muß nach unten ...« »Du bleibst hier.« »Aber der Wirtschafter wird nach mir fragen.« »Ist mir doch egal, den putze ich auch noch weg. Ich habe dich verloren, und wie ich gehört habe, sollst du jetzt auch noch Drogen nehmen. Bevor du dauernd an der Nadel hängst, schieße ich dir lieber den Kopf weg.« Ich versuchte ihn zu besänftigen. Wie ein Prediger kam ich mir beim Reden vor. Ständig mußte ich dabei in den Lauf der Kanone schauen. Possner erzählte mir, daß er sich extra vorher Mut angetrunken hatte. Das spürte ich, er war überhaupt nicht richtig bei Sinnen. Nach etwa einer halben Stunde hatte ich das Gefühl, das schlimmste überstanden zu haben. Possners Ton war nicht mehr herrschsüchtig, fast flehend bat er mich, wieder zu ihm zurückzukehren.

Ich wollte diese Phase nutzen. »Wenn du nichts dagegen hast, hole ich uns erst einmal zwei Cognac. Zum Anstoßen.« »Nein, du bleibst hier!« »Aber ich bin doch gleich wieder da.« »Du bleibst hier.« Ich stand trotzdem auf und in dem Moment ging ein Schuß los. Possner hatte mich getroffen. Er schien selbst geschockt, vielleicht wollte er es ja gar nicht. Ich spürte ein Stechen in der Hüfte, das warme Blut floß am Bein runter. Panisch rannte ich in Richtung Salon. Dort waren mehrere Zuhälter erschrocken aufgesprungen. Stefan fragte mich kurz, was los gewesen war und lief zu Possner rein. Um mich kümmerte er sich gar nicht, die Befürchtung, daß sein Laden dicht gemacht werden könnte, war größer. Ich legte mir selbst einen provisorischen Verband an. Nach zwanzig Minuten kam Stefan zurück. »Du kannst wieder reingehen, dich mit deinem Mann aussprechen.« »Aber ich muß zum Arzt, ich bin verletzt, ich habe viel Blut verloren.« »Ja, das machen wir anschließend.« Possner heulte los, als er mich sah: »Es tut mir leid, ich hatte nicht vor, dich zu treffen. Bitte komm wieder zu mir zurück.« Als er mich berühren wollte, rannte ich zur Tür und schrie »Hilfe«. Keiner kam. Possner stürzte hinter mir her, riß mich zu Boden und zerrte mich am Salon vorbei über den Flur bis zum Treppenhaus. Ich stemmte mich mit aller

Kraft dagegen, riß dabei zwei Schwingtüren aus den Angeln.

Zum Glück kamen von unten gerade zwei Wirtschafter und ein Zuhälter. Sie sahen in Possner einen Freier und schlugen ihn zusammen. »Ich bin ihr Ehemann, hört auf.« Ich lief weg, bat ein Mädchen, schnell Hans zu informieren. Der holte mich auch sofort ab. Doch ins Krankenhaus konnten wir nicht, weil dann die Polizei die Sache spitz bekommen hätte. Also sind wir zu einem Landarzt. Der hat mir die Kugel dann rausoperiert.

Wenig später stieg ich im Eros-Center aus. Hans und ich lebten monatelang von der Substanz. Aber nach etwa einem Jahr war sie auf Grund der Sucht aufgebraucht. Ich mußte meinen Schmuck ins Pfandhaus bringen. Nur meinen geliebten Jugendstilengel aus 24 Karat Gold mit Süßwasserperlen behielt ich. Alles andere verscheuerten wir für Heroin. In Hamburg hielt uns nichts mehr.

Hans kam auf die Idee, nach Mannheim zu ziehen. Zu seinen Eltern, die einen großen Reitbetrieb hatten. Wir räumten das Haus leer und verschleuderten unsere Möbel. Die meisten für einen lachhaften Preis, im Vergleich zu ihrem eigentlichen Wert. 16 000 Mark bekamen wir insgesamt. Damit machten wir uns auf den Weg nach Mannheim, mit Zwischenstation in Amsterdam.

Diebstahl für Drogen

»Als Süchtiger hast du keine Alternative. Du brauchst deinen Druck, koste es, was es wolle. Fehlt dir die Kohle, kannst du leicht auf die schiefe Bahn rutschen. Für den Stoff machst du alles, wenn der Körper nach Gift schreit.«

Inzwischen waren wir beide auf etwa 1 500 Mark täglich dosiert. In Amsterdam wollten wir uns vom Geld der Versteigerung kostengünstig mit Heroin eindecken. Das klappte auch. Danach begaben wir uns nach Mannheim. Ich hatte den Stoff, zwei große Päckchen, auf meinem Schoß liegen. Hans fuhr den alten Daimler gar nicht so schnell, denn das Auto war schon ziemlich lädiert. Plötzlich verfolgte uns auf der Autobahn Schmiere. Mit Blaulicht kamen sie hinter uns her. Ein Bulle schwenkte seine Kelle, auf dem nächsten Parkplatz 500 Meter weiter mußten wir anhalten. Hans blieb cool. »Dreh schnell deine Scheibe runter und schmeiß das Zeug raus.«

Die Bullen hielten neben unserem Auto: »Guten Tag, entschuldigen Sie, daß wir Sie gestoppt haben. Aber Ihr Rücklicht geht nicht. Außerdem haben Sie ein Stück vom Auspuff verloren.« Geistesgegenwärtig fragte Hans: »Können Sie mir mal eine Taschenlampe leihen, ich muß das Stück hier irgendwo verloren haben, ich habe es scheppern gehört.« Wir liefen zurück und fanden nach fünf Minuten auch tatsächlich die Päckchen, die immerhin einen Marktwert von 60 000 Mark hatten. Unauffällig schob sie Hans unter die Kofferhaube.

Trotzdem kontrollierten sie noch unsere Papiere. Nach einer Weile stellten sie fest: »Frau Possner, wir müssen Sie mitnehmen.« »Mitnehmen?« »Ja, nach unseren Informationen, die wir per Funk eingeholt haben, waren Sie nicht zur Kontrolluntersuchung. Sie sind doch registrierte Prostituierte?« »Ja, bin ich, aber das kann nicht sein.« Ich zückte den Bockschein. Tatsächlich, da fehlte vom Gesundheitsamt der wöchentliche Stempel, worauf automatisch die Fahndung läuft. Ich mußte ins Polizeiauto steigen, Hans fuhr hinterher.

Auf der Wache, in einem kleinen Dorf, war Endstation. Dort sollte ich die Nacht verbringen. Hans klemmte sich draußen ins Auto, ich pöbelte rum. Mehrmals wiederholte ich, daß ich zur Kontrolluntersuchung war und daß sie das telefonisch nachprüfen könnten. Immer die gleiche Antwort: »Ja, tut uns leid, wir können nicht mitten in der Nacht anrufen.« Ich hatte eine Wut. Nur, weil ich eine Prostituierte war, wurde ich nicht für voll genommen.

Bis um 8.00 Uhr früh mußte ich in der Zelle bleiben. Ich war genervt und zugleich affig. Der Körper forderte seine Drogenration. Erst gegen 10.00 Uhr riefen sie beim Gesundheitsamt an, das die Kontrolle bestätigte. Mit Entzugserscheinungen kam ich zu Hans, der sich schon seinen morgendlichen Druck gesetzt hatte. Wir fuhren kurz um die Ecke, dreihundert Meter von der Wache entfernt verpaßte mir Hans meinen »Aufsteher«.

Auf der Ponyranch von Hans' Eltern konnten wir nicht schlafen. Die hatten nur wenig Platz im Haus. So verkrochen wir uns im Wohnwagen, der lediglich mit einer Liege, einem Tisch und einer Sitzbank ausgestattet war. Mehr paßte auch nicht rein. Dort hausten wir, lebten nur von einem Druck zum anderen. Doch allmählich ging das Material zur Neige. Hans wollte nicht, daß ich anschaffe, er selbst hatte auch keinen Bock zu arbeiten. Aber wir brauchten dringend Geld.

Hans hatte die Idee, daß wir Autos knacken könnten. »Am besten beim Friedhof. Dort kommen die Frauen meistens allein hin und lassen oft ihre Handtaschen samt Scheckkarten im Auto.« Mir war unwohl bei dem Gedanken daran, doch wir hatten keinen Stoff und auch keine Kohle mehr. Wir wußten, bald würde uns der Affe zu schaffen machen.

Ich kleidete mich ganz in schwarz. Wir fuhren zum Friedhof. Ich setzte mich auf eine Bank und beobachtete die Frauen, die allein aus dem Auto stiegen. Mindestens Mittelklasse mußte es sein, hatte Hans gesagt.

»In einer klapprigen Ente ist nicht viel zu vermuten.«
Hans hielt sich in einiger Entfernung von mir auf. Auf
mein Zeichen folgte Hans dem auserwählten Opfer, um
sicher zu sein, daß es auch weit genug vom Auto entfernt war. Danach schlich Hans zum Wagen, schlug
mit einem Nothammer, den wir aus der Straßenbahn
entfernt hatten, ein kleines Loch in die Scheibe und
öffnete die Autotür. Die meistens hatten ihre Taschen
unter dem Sitz versteckt.

Wir waren vor allem auf die Schecks heiß, die wir
ohne Probleme fälschen konnten. Monatlich kamen dadurch etwa 50 000 Mark zusammen, Spitzenverdienst
waren 160 000. Denn manche hatten ihre Geheimnum-
mer sogar auf der Scheckkarte notiert. Es gab kaum
eine Handtasche, in der kein Scheckheft war. Von Pech
sprachen wir bereits, wenn wir nur drei Schecks à 400
Mark vorfanden. Doch oft hatten wir Glück. 16 000 Mark
konnte ich bespielsweise an einen Nachmittag zwischen
15.00 und 18.00 Uhr in Heidelberg auf American-Ex-
press-Karte einlösen. Das tollste Ding erlebten wir jedoch in Mannheim im »Collini-Center«. Vom 8. Stock
unseres Appartements konnten wir wunderbar auf die
Theaterkasse schauen, an der die Abonnements verkauft werden. Ein weißer nagelneuer BMW parkte. Eine
ältere Dame, mit einem wunderschönen Kamelhaar-
mantel, stieg aus. Sie packte ihre Krokotasche in den
Kofferraum und humpelte mit einer Krücke los. Nach
fünf Schritten stoppte sie, ging noch einmal zurück
und versteckte die Tasche unter dem Rücksitz. Dann
ging sie wieder Richtung Kasse. Hans und ich schauten
uns an. »Ach komm, wir lassen es sein.« »Ne, scheißegal,
ich versuche es.« Hans fuhr mit dem Fahrstuhl runter.
Unten angekommen schlug er mit seinem Hämmerchen
das Dreieckfenster des Autos ein, riß die Handtasche
raus und und rannte ins Haus. Ich beobachtete vom
Balkon aus die zurückkommende Frau. Als sie das zer-
trümmerte Fenster sah und den Diebstahl ihrer Handtasche bemerkte, schmiß sie ihre Krücke hin und eilte
zur Theaterkasse.

Einige Minuten später kam die Polizei. Wir erfreuten
uns inzwischen an der riesigen Beute kurz vor Weih-

nachten. In der Tasche fanden wir mehrere Kreditkarten, American-Express, Dinersclub und Eurocard. Dazu drei Scheckhefte auf ihren Namen. Eins vollzählig, das zweite hatte 20 und das dritte zehn Schecks. Und schließlich noch mit Namen versehene und mit jeweils 1 000 Mark gefüllte Briefumschläge. Wahrscheinlich Weihnachtsgeld für ihre Angestellten. Über zwei Monate lebten wir von der alten Dame.

Es war keine Raffgier, die uns in die Kriminalität trieb. Als Süchtiger steckst du in einem Teufelskreis. Du brauchst deinen Druck, koste es, was es wolle. Fehlt dir das Geld, kannst du ganz leicht auf die schiefe Bahn rutschen. Für den Stoff machst du alles, wenn der Körper nach Gift schreit.

Wir haben alles ausgenutzt, teilweise auch die Naivität der Menschen. In einem Juwelierladen kaufte ich auf Kreditkarte ein Feuerzeug für 1 090 Mark. Eine Kette, die jedoch 2 395 kostete, gefiel mir noch viel besser. »Schade, ich habe jetzt nur die Kreditkarte und einen Scheck dabei, meine Papiere alle im Auto. Ich hätte sie gern genommen.« »Ach, ich vertraue Ihnen, füllen Sie den Scheck einfach aus, und dann geht es schon in Ordnung«, sagte die Verkäuferin. Ich konnte es nicht fassen.

Hans und ich wurden immer dreister und frecher. Aber damit zugleich auffälliger. So lief nach drei Monaten gegen Hans, der mit seiner roten Jeansjacke und den langen schwarzen Haaren sofort ins Auge stach, auch eine Fahndung. Irgendwie rechneten wir auch ständig damit, daß sie uns mal greifen würden. Doch die Gier nach Heroin vertrieb die Angst.

Nach über 20 Wochen lockeren Lebens klopfte es abends plötzlich lautstark gegen die Tür unseres Wohnwagens. »Polizei. Bitte aufmachen.« Bevor wir aufspringen konnten, standen zwei Bullen drin. Mit einem Haftbefehl für Hans in der Hand, wegen illegalen Drogenbesitzes. Sie durchwühlten noch ein bißchen den Wohnwagen und fanden dabei auch anderes Belastungsmaterial: Brieftaschen, Portemonnaies, Handtaschen. Zudem Spritzen. Hans' Mutter erzählte aber, daß sie ihr gehören. Sie sei zuckerkrank.

Als Hans weg war, fing ich notgedrungen wieder mit Anschaffen an. Zunächst in der Lupinenstraße in Mannheim. Ich versuchte dadurch auch die Familie von Hans finanziell etwas zu unterstützen, denn es war ein sehr kalter Winter. Der Vater fuhr nebenbei noch Taxi, damit die Tiere nicht verhungern mußten. Das tat mir leid, auch wenn ich sonst nur noch an mich und meine Sucht dachte.

Zum Glück hatte ich meine Stammdealer. Bei Kalle und Kölle, die den Stoff aus Frankfurt besorgten, kaufte ich immer ein. Hans besaß panische Angst, daß ich mir aus Versehen eine Überdosis setze. In der Regel hatte er mir ja den Druck verabreicht. Ich verstümmelte mich auch ganz schlimm in seiner Knastzeit. Manchmal brauchte ich bis zu 40 Versuche, um die Nadel in die Vene zu bekommen. Ich bin ganz schlimm auf meinen Körper losgegangen, habe ihn systematisch zerstört. Vielleicht auch bewußt, weil Freier und Luden so geil auf ihn waren. Das ist ähnlich, als wenn sich Nonnen geißeln, weil sie meinen, Gott nicht mehr zu lieben. Und ich dachte mir eben, verunstalte deinen Körper, dann sind die Männer nicht mehr so geil auf dich.

Hans kriegte meine Schwierigkeiten mit, wenn ich ihn besuchte. Um mich zu schützen, informierte er die Kripo ohne mein Wissen über die Dealer in Mannheim. Auf seinen Wink hin observierte die Polizei Kalle und Kölle. Bei Bedarf meldete ich mich immer telefonisch bei ihnen an. Ich fuhr dann gleich mit dem Taxi rüber und holte mir den Stoff. Das wurde auf die Dauer aber ziemlich teuer, denn inzwischen war ich allein auf über 1 000 Mark pro Tag dosiert. Also erzählte ich den beiden, daß ich für den Hans einen Fünf-Gramm-Beutel kaufen möchte und ob sie mich mal zu ihrem Großdealer mitnehmen würden. »Na klar, für Hans machen wir das. Der arme Kerl kommt im Knast ja sonst an nichts ran«, sagte Kölle. Die Kripo, die das Telefon abhörte, war über Zeitpunkt, Ort und Geschehen bestens informiert.

In Frankfurt kaufte Kalle mir für 950 Mark Heroin. Das dauerte mächtig lange, und da ich einen Affen schob, zog ich mir schon auf der Rücktour eine kleine

Dosis ein. Ich drehte eine Cola-Dose um, machte mir ein bißchen Pulver drauf und sniefte. Kalle motzte rum: »Du bist verrückt, das ist Verschwendung. Du brauchst doch viel zuviel, warte doch ab, bist du dir einen Druck machen kannst. Wir sind doch bald in Mannheim.« Aber ich hielt es bis dort nicht mehr aus, fegte mir ungefähr ein halbes Gramm ein.

Kaum in Mannheim angekommen, holten wir die Pumpen raus. Wir gingen die Treppe hoch, kamen aber nicht weit. »Halt, stehenbleiben, Hände hoch, Polizei!« Die beiden beschimpften mich. Sie dachten, daß ich sie verpfiffen hatte. Wir wurden auf die Wache mitgenommen und dort einzeln verhört. »Frau Possner, Sie haben eine Sonderbehandlung zu erwarten, weil Ihr Freund sie ja quasi hochgehen lassen hat.« Ich müßte nicht ins Gefängnis, aber auf Grund meiner Sucht mit einem kurzen Aufenthalt im Krankenhaus einverstanden sein. Ich war es und erzählte dann auch alles.

Während Kalle und Kölle in den Knast marschierten, kam ich in die Klappsmühle. In die geschlossene Abteilung der Psychiatrie in Wiesloch. Dort wurde ich furchtbar unter Betäubung gesetzt. Nicht mal einen Kugelschreiber konnte ich halten. Wie ferngesteuert fühlte ich mich zwischen den anderen Patienten. Ich war heilfroh, als mich der Vater von Hans nach 14 Tagen wieder abholen durfte. Mein erster Gedanke, als ich draußen war: Du mußt dir sofort einen Druck setzen, damit du wieder einen klaren Kopf bekommst. Das tat ich dann auch.

Die Verurteilung durch das Gericht erfolgte später. Während die beiden viereinhalb Jahre bekamen, kriegte ich wegen Verstoß gegen das Betäubungsmittelgesetz neun Monate auf drei Jahre Bewährung. Die Verhandlung fand allerdings erst statt, als Hans bereits wieder aus dem Knast war.

Eigentlich wollte ich ihn von dort abholen. Ich hatte mir auch extra in Knastnähe, in Heidelberg, ein Hotelzimmer gemietet. Doch ich drückte mich mit Drogen zu. Total breit fand mich Hans im Hotel. Er hatte sich fest vorgenommen, mit Drogen Schluß zu machen. Das irritierte mich und gefiel mir auch nicht, so daß wir uns deshalb sogar stritten. Ich mußte jedenfalls weiterhin allein nach Drogen jagen. Über Dealer hatte ich inzwischen Kontakte zur Frankfurter Szene bekommen. Nach einem neuerlichen Streit mit Hans sagte ich: »Paß auf. Ich bleibe ohnehin auf Drogen, deshalb gehe ich nach Frankfurt arbeiten. Du kannst ja hier auf der Ranch bei den Eltern weiter wohnen. Am Wochenende besuche ich dich immer.« Nach kurzer Zeit war Hans allerdings auch wieder drauf: einmal Heroin, immer Heroin. Er fand keinen richtigen Job. Wer nicht sucht, was er findet, bleibt eben süchtig.

In Frankfurt stand ich im Leierkasten, einem Luxussuperpuff. Die Miete kostete 250 Mark kalt am Tag mit Verzehr und allem Drum und Dran. Das Appartement war mit Kühlschrank, Video, Fernseher, Bad, Dusche und Bett toll eingerichtet. Ich vediente glänzend. Hans und ich konnten uns einen neuen Daimler kaufen und eine Wohnung in Ludwigshafen mieten.

Im Leierkasten ging ich oft erst um 23.00 Uhr an die Arbeit, weil ich vom Heroin breit war. Ich strengte mich dann an, zumindest drei Stunden zu arbeiten, damit ich die Miete drin hatte. Durch stundenlanges Benutzen der Sonnenbank sah ich immer noch topmäßig aus, hatte tolle Klamotten an und verstand es, die Geschäftsleute um den Finger zu wickeln. Nicht nur Geld, sondern auch Sex regiert eben die Welt. Damit kann man alles erreichen.

Ich hatte demzufolge erstklassige Freier, die teilweise 500 Mark für eine Nummer auf den Tisch blätterten. Für Drucks brauchte ich allerdings Geld ohne Ende. Manchmal haute ich 300 Mark in einer Stunde auf den Kopf, rannte danach wieder los, um Nachschub zu holen. Immer in Etappen, grenzenlos. Manchmal setzte ich mir zehn Drucks am Tag.

Die Ansteckung mit AIDS

»Apotheken führten damals keine Pumpen. Nach der Devise: Ohne Spritzen keine Sucht. Nicht zuletzt durch dieses falsche Denken, das zum Glück korrigiert wurde, ist AIDS unter Junkies so verbreitet.«

Nach einigen Monaten holte ich Hans auch nach Frankfurt. Der hatte die Schnauze voll. Er mußte immer Pferdeställe ausmisten, während sich Madame ein schönes Leben machte und mit dem Taxi von Frankfurt nach Mannheim beziehungsweise Ludwigshafen fuhr. Doch in Frankfurt blieben wir nur kurz zusammen. Nachdem wir hintereinander mehrere Dealer geprellt und einem Diplomatensohn seinen Stoff geklaut hatten, wurde für uns die Szene dort zu heiß.

Mein Puffbesitzer empfahl mich nach Stuttgart weiter, und dort landete ich wieder in einem erstklassigen Privatclub mit Swimmingpool und Sauna. Ich verdiente zwar glänzend, an den besten Tagen 8 000 Mark, doch es war bedeutend schwieriger, an Heroin heranzukommen. Also fuhr ich des öfteren mit dem IC von Stuttgart nach Frankfurt, um mir Gift zu holen.

Auch an jenem Tag im Dezember 1983. Mir ging es dreckig, die letzten zwei Tage hatte ich relativ viel Gift genommen, aber das war aufgebraucht. Ich schnappte mir 400 Mark und düste los.

Mich kotzte die Zugfahrt zwar an, doch ich wollte die nächsten Tage wieder meine Ruhe haben. Hochgradig affig kam ich auf dem Hauptbahnhof in Frankfurt an. Ich war hippelig, überaus nervös, der Körper schrie regelrecht nach Heroin. Meine Sucht und Gier waren maßlos. Ich wollte mir den erstbesten Dealer schnappen, bei dem ich gutes Gift vermutete. Bei der großen Anzahl von Zivilbullen mußte ich vorsichtig sein. Aus Angst vor einer möglichen Kontrolle hatte ich auch das Besteck mit Spritze und Löffel in Stuttgart gelassen.

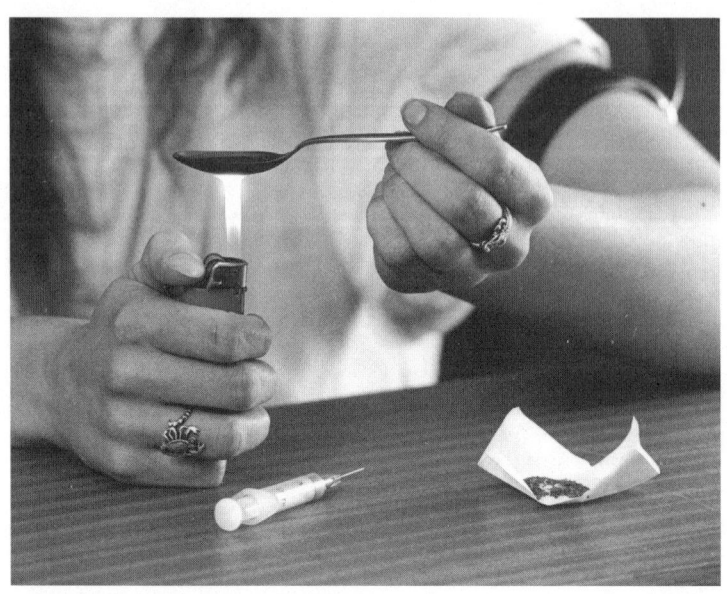

Mit offenem Pelzmantel und der Kohle in der Tasche ging ich zu den bekannten Dealertreffs. Bei einem Neger, den ich gut kannte, kaufte ich drei 100er Packs. Mein Affe wurde allerdings schlimmer. Bis Stuttgart konnte ich nicht mit dem Druck warten. Eine Pumpe hatte ich nicht dabei. Apotheken führten damals keine. Nach der Devise: Ohne Spritzen keine Sucht. Einfach lächerlich. Nicht zuletzt durch dieses falsche Denken, das zum Glück korrigiert wurde, ist AIDS unter Junkies so verbreitet. Denn untereinander mußten wir ständig die Pumpen tauschen.

Mir lief eine etwa 40jährige Frau über den Weg. Total verwahrlost, affig hoch drei bettelte sie mich mit Akzent an: »Kannst du mir helfen. Ich brauche unbedingt einen Druck.« »Hast du ein Besteck? Ich habe nämlich keine Pumpe, keinen Löffel, kein Asco, kein gar nichts.« »Da mußt du mit zu mir kommen.« Unterwegs erzählte sie mir, daß sie aus den USA kommt. Sie wohnte in der Kaiserstraße in einer ganz elenden Absteige. Der Hausflur hatte keine Beleuchtung, die Holzstiegen knarrten. Als wir zwei Treppen hochgegangen waren, saß da ein verwahrloster, schmieriger, speckiger Typ vor einem Schreibtisch. Der Wirtschafter. Sie ließ sich den Schlüssel geben, und wir gingen in ihr Zimmer. Das sah aus wie ein langer Schlauch. Ein alter wackliger Schrank stand drin und eine Liege. So muß eine Knastzelle aussehen, stellte ich mir vor. Denn ein Fenster hatte das verkeimte Zimmer auch nicht. Wir mußten das künstliche Licht anknipsen, obwohl es draußen taghell war. Ich sah einige gebrauchte Pumpen liegen, richtig eklig. Aber kein Mensch hat damals an AIDS gedacht. Als Junkie hatte man höchstens Angst, eine Gelbsucht zu bekommen. Daran dachte ich auch. »Hast du denn keine neuen Pumpen da?« »Ne, die sind aber alle nur einmal benutzt.«

Letzlich war es mir dann auch scheißegal, denn der Affe machte sich immer mehr bemerkbar. Ich gab ihr ein bißchen Gift ab, dann setzte ich mir den Druck. Ich traf die Vene ziemlich schnell. Mein Herz machte Freudensprünge, als ich das Blut anzog. Dann drückte ich ab und spürte, wie es mir wohlig warm wurde.

Hui, und dann dieser Orgasmus im Kopf. Ich war wieder einmal selig, hörte die Englein singen, fühlte mich als der glücklichste Mensch auf Erden. Ich konnte die ganze Welt umarmen, alle sind lieb, alles ist gut. Mit einem Mal sah das Zimmer gepflegt aus, die Alte war nicht mehr dreckig. Und der fette schmierige Wirtschafter sah direkt hübsch aus, als ich rausging. Den Rest vom Gift hatte ich in das Oberteil vom BH gesteckt und schwebte damit zum Hauptbahnhof. Zu Fuß waren es ja nur etwa fünf Minuten. Abends um acht kam ich wieder in Stuttgart an. Ich war blendend gelaunt, weil ich ja wußte, daß ich die nächsten Tage mit dem noch vorhandenen Pulver gut überstehen werde. Ich schaffte weiter an, gab aber das Geld gleich wieder für Heroin aus.

Jede Woche mußte ich auch in Stuttgart zur Kontrolle. Vier Monate nach meinem kurzen Frankfurt-Trip erzählten sie mir beim Gesundheitsamt von einem zusätzlichen Test. »Da gibt es so eine neue Seuche, die kommt aus Amerika rüber. Soll eine Sexseuche sein, heißt AIDS.« Mich langweilte diese Erklärung, ich hatte bis dahin ohnehin gehört, daß nur Männer davon betroffen sind. Ich willigte trotzdem ein, daß sie bei mir den Test gleich mitmachen können. War mir egal. Ich mußte ohnehin diesmal Blut auf Syphilis abgeben. Alle vier Wochen war das gefordert. Und so konnten sie mir ruhig ein Röhrchen mehr abzapfen.

Den Test hatte ich schon wieder vergessen, als ich in den Mona-Club zurückkehrte. Dort häufte sich der Streß. Alle Mädels waren auf dem Luxustrip, den ich schon hinter mir hatte. Wir unterhielten uns nur über Schmuck, Pelze und Autos. Und das jeden Tag. Es langweilte mich total.

Ich sagte Hans, daß ich gern wieder nach Mannheim möchte. Er willigte ein, obwohl er dazu wenig Lust hatte. Ich überredete ihn, bereits vorzufahren, damit ich in Ruhe noch einmal einen Abstecher nach Frankfurt machen konnte. Ich holte dort Gift und kam einen Tag später in Ludwigshafen an. Dort verbrachten wir einige wenige Stunden zusammen, dann wurde Hans erstmals wegen der Autoeinbrüche verhaftet. Wieder stand ich mit meinem Talent allein da. Es tat mir weh, daß Hans weg war, auch wenn unsere Beziehung zu Ende ging. Das spürten wir beide. Mein Geld war alle, ich mußte mir also etwas einfallen lassen.

Gegenüber wohnten zwei Typen, die pfiffen mir bei jeder Gelegenheit hinterher. Knapp 20 Jahre alt, ich mittlerweile schon 30. Ich lud sie zu mir ein. Bei geiler Musik tischte ich groß auf, nach dem Essen rauchten wir zwei Joints. Sie fühlten sich richtig wohl bei mir. Ich hatte aber nur ein Ziel: »Könntet ihr mir eure Wohnung für einen 100er am Tag zur Verfügung stellen? Ich würde tagsüber darin anschaffen, gegen 19.00 Uhr wäre Feierabend.«

Es war nur ein Ein-Zimmer-Appartement in einem vierstöckigen Haus. In der Zeitung annoncierte ich ganz schlicht: »26jähriges Modell, frei, schwarzhaarig, vollbusig, verwöhnt von 10.00 Uhr bis 19.00 Uhr.« Das Geschäft lief toll, ich hatte knapp 1 000 Mark täglich. Ich verdiente so meinen Eigenkonsum ganz locker, mußte nicht mehr auf die Mark achten. Dadurch kam ich allerdings auch erstmalig auf Kokain. Das macht wie Heroin nicht nur körperlich, sondern auch psychisch süchtig. Und es ist bedeutend teurer. Für mich war es zu teuer. Ich konnte meine eigene Wohnung nicht mehr bezahlen. Das ging dann so weit, daß der Hauseigentümer ein neues Schloß einsetzen ließ und meine ganzen Möbelstücke einsackte. Das störte mich nicht weiter, weil mir der Martin seine Wohnung inzwischen vollkommen überlassen hatte.

Um Hans kümmerte ich mich in dieser Zeit kaum. Nachdem er zwei Tage aus dem Knast war, haben wir uns erst einmal auf Probe getrennt. Just an diesem Tag kam eine Nachricht vom Mannheimer Gesundheitsamt. Ich sollte dort schnellstens vorsprechen.

Die Schreckensnachricht

»Einem Drogensüchtigen geht selbst das eigene Schicksal manchmal am Arsch vorbei. Das Leben bedeutet dir nicht allzuviel.«

Ich wunderte mich schon ein wenig. Denn als Prostituierte war ich nicht in Mannheim, sondern noch in Stuttgart offiziell registriert. Ich bat Christoph, einen guten Freund, mich vorbeizufahren. Vorher wollten wir uns noch um einige Schecks kümmern, die mir Hans dagelassen hatte. Ich warf mich in meine Scheckeinlösekluft: zog ein solides Kostüm an, trug Handschuhe wegen der Fingerabdrücke und setzte mir eine Sekretärinnenbrille auf die Nase. Mit gefälschten Unterschriften lösten wir auf verschiedenen Banken und Postämtern mehrere Schecks ein. Danach fuhr Christoph mit mir zum Gesundheitsamt.

Ich mußte einige Minuten warten. Kurz nach 11.00 Uhr holten mich zwei Frauen in das Zimmer. Ein riesengroßes Büro mit uralten Schreibtischmöbeln. Irgendwie drucksten beide herum. Bis eine endlich ihren Mund aufmachte. »Frau Possner, Sie waren doch vor einigen Wochen beim Test in Stuttgart?« »Ja. Stimmt. Und?« »Ja, es ist, wie sollen wir Ihnen das nur sagen?« Beide husteten fast zur gleichen Zeit. Ich wurde allmählich unruhig. Oh Gott, schoß es mir durch den Kopf, hast du vielleicht eine Gelbsucht? Das wäre ja grauenhaft. Hoffentlich nicht. »Also, Frau Possner, in Ihrem Blut wurde etwas gefunden.« Oder vielleicht Syphilis, dachte ich. »Sie erinnern sich doch an den HIV-Test?« »Ja.« »Wir wurden von Stuttgart benachrichtigt, daß Sie positiv sind.« »Ach ja, positiv, das ist doch was Schönes?« fragte ich ängstlich und fühlte eine beklemmende Stille. »Nein, Frau Possner, Sie werden AIDS kriegen und Sie werden nicht alt werden. Sie haben eine kurze Lebenserwartung.« Mir blieb die Luft weg, das Blut schoß die Adern hoch. »Gott sei Dank sind Sie bisher die einzige weibliche Person im ganzen süddeutschen Raum überhaupt mit einem positiven Testergebnis.« Ich versuchte es mit Galgenhumor. »Wollen Sie mir jetzt etwa gratulieren?« »Frau Possner, sie müssen Ihr Leben verändern. Sie wissen ja, daß Sie ansteckend sind, deshalb wäre es günstig, wenn sie in Ihrem Gewerbe möglichst nicht mehr arbeiten.« Mir schnürte es die Kehle zu. Das erste Mal in meinem Leben kriegte ich einen richtigen Heulkrampf. AIDS, Sterben, AIDS, Sterben, AIDS, Sterben. Es hämmerte in meinem Kopf. Lustseuche, Sexseuche, Schwulenseuche. Mehr wußte ich bisher nicht darüber. Mir wurde ein Tempotaschentuch gereicht. »Wir haben damit leider auch noch keine richtige Erfahrung. Sollen wir unsere Psychologin noch holen? Sie stellen doch nichts an, nehmen sich doch jetzt nicht das Leben?« »Nein, nein, da unten wartet jemand auf mich.«

Ich ging aus dem Zimmer. Christoph hielt die Wagentür auf. »Naja, da können wir ja weiter.« Ich setzte mich ins Auto. »Was ist denn mit dir los, du hast ja ein ganz verweintes Gesicht?« »Ich habe AIDS, Christoph.« Er sagte keinen Ton, stellte den Motor an und fuhr erst mal ein Stück. Ich fing wieder an zu weinen. »Verdammt noch mal, warum ich?« Christoph lenkte den Wagen an den Straßenrand und nahm mich ganz fest in den Arm. »Ach, das glaube ich nicht, du machst noch mal einen Test. Das kann doch nicht sein. du doch nicht.« »Ich kann jetzt keinen Scheck einlösen, laß uns zu Hans fahren, ich brauche einen Druck.«

Hans, von dem ich ja inzwischen getrennt war, lebte mit einer anderen Frau in einer möblierten Luxuswohnung. Er riß die Tür auf, freute sich über meinen Besuch. »Bitte mach mir mal einen ganz fetten Druck, so einen fetten Druck, daß mir die Schädeldecke hochfliegt. Und bitte knall mir den gleich in den Hals rein, richtig so kurz vor dem Exitus.« Er schaute mich an. »Was ist denn mit dir?« »Am besten, du läßt dich mal testen, ich habe AIDS.« Er blieb cool. »Da brauche ich aber auch einen Druck.« Wir knallten uns die Köpfe zu. Hans hatte sich damit abgefunden, daß er positiv war.

Einem Drogensüchtigen geht selbst das eigene Schicksal manchmal am Arsch vorbei. Das Leben bedeutet dir nicht allzuviel. Andere Leute sind dir egal, du willst keine Karriereleiter erklimmen, du stellst keine Ansprüche, pfeifst auf sämtliche Konventionen. Nur dein Druck ist dir wichtig, deshalb bist du am Leben. Du siehst dieses sogar als Strafe an, schließlich hat dich niemand gefragt, ob du auf diese verdammte Welt kommen willst. Und demzufolge kannst du auch eine solche Nachricht relativ gelassen wegstecken. Mehrere Male fielen Hans und ich uns an diesem Abend in die Arme und schworen uns, doch zusammenzubleiben.

Hans ließ dann am anderen Tag den Test machen und erfuhr eine Woche später, daß er negativ sei. Dennoch trennte er sich von seiner Baronin. Er besaß mir gegenüber Schuldkomplexe, weil er mich auf die Nadel gebracht hatte. Mir war klar, daß ich mir das Virus durch die Amerikanerin geholt hatte, die – wie ich zwei Jahre später erfuhr – auch an den Folgen von AIDS gestorben war.

Ich zog mit Hans erneut zu seinen Eltern auf die Pferderanch. Wir knackten wieder ganz dreist Autos und drehten dabei völlig ab. Ich gab bei Drogen voll Gas, betäubte mich, um nicht an AIDS zu denken. Wie Verrückte versuchten wir, Kohle ranzuschaffen, klauten Handtaschen und fälschten Schecks. Tag für Tag.

Die Drogen ließen wir uns von einer Dealerin aus Heidelberg kommen. Sie fuhr mit dem Auto vor und brachte uns den Stoff in die Wohnung. Ich hing nur noch breit im Sessel, aß und trank fast nichts. Lediglich zum Drücken wachte ich auf, hielt Hans apathisch den Arm oder den Hals hin.

Von der Verhaftung der Dealerin informierte uns ihr gelähmter Mann, der mit Hans ein wenig befreundet war. »Die Polizei war schon dreimal da und hat Hausdurchsuchung gemacht. Kommt doch mal bitte vorbei.« Als wir dort waren, sagte Heinz, der nur im Rollstuhl saß: »He, Leute, ich muß euch was erzählen. Sie hat hier irgendwo noch Stoff versteckt. Es muß in einem Salz- oder Pfefferstreuer sein.« Wir suchten ganz fieberhaft. Ich fand einen Coca-Cola-Sparpott. Mir stach der typische beißende Kokaingeruch in die Nase. Ich schraubte die Büchse auf, und ein Batzen nasser Heroin- und Kokain-Filter fiel heraus. Zusammen haben wir damit ein bißchen abgefeiert. Ich war dadurch richtig angespornt. Wie ein Schnüffelhund bin ich anschließend durch die Wohnung. Alles hatten die gefilzt, trotzdem die Dose nicht gefunden. Also kann irgendwo Heroin, noch luftdicht abgeschlossen, versteckt sein, machte ich mir Mut. Ich ging ins Badezimmer. Sie benutzte dasselbe Make-up wie ich. Ein Fläschchen mit weißem Inhalt und das andere mit braunem Inhalt? Da stutzte ich. Ich schraubte den Verschluß der ersten Flasche auf: Kokain, etwa 50 Gramm, Schwarzmarktwert 10 000 Mark. Langsam drehte ich die andere Flasche auf: braunes Pulver, Heroin, Wert rund 15 000 Mark. Ich hätte schreien können vor Glück. Hans berichtete ich von meinem Fund flüsternd ins Ohr, Heinz erfuhr gar nichts.

Wir fuhren in toller Stimmung zurück nach Mannheim, freuten uns mehrere Monate des Lebens. Die Sucht verdrängte vollkommen meine Gedanken an AIDS. Ich knallte mich oft so zu, daß es Wochen gab, in denen ich überhaupt nicht an meine Infektion dachte. Ich wählte mit Drogen den Selbstmord auf Raten.

Inkognito mit dem Virus

»Bei AIDS dreht sich alles um die Angst vor dem Tod. Ich bin wie eine Zeitbombe. Das schockt die Leute. Und darin besteht die große Gefahr, daß Angst größer als jedes Gefühl ist.«

Anfang 1984, acht Monate nach der Nachricht vom positiven HIV-Test, rückte AIDS wieder in mein Bewußtsein. Ich wurde sehr krank, lag nur noch im Bett, konnte nicht mehr allein aufstehen. Meine Knochen waren wie Gelee, bei jeder Bewegung hatte ich das Gefühl, daß sie durchbrechen. Selbst aufs Klo mußte mich Hans tragen. Lediglich 48 Kilo, rund 15 weniger als normal, wog ich noch. Vor allem in der Rückengegend hatte ich wahnsinnige Schmerzen, für wenige Stunden schaffte ich es, sie mit Drogen zu betäuben. Aber ich konnte gar nicht soviel Koks und Heroin drücken, daß sie auf Dauer erträglich wurden. Hans mußte schließlich den Rettungswagen holen.

Sofort nach Einlieferung ins Mannheimer Krankenhaus berichtete ich dem behandelnden Arzt von meinem positiven Test-Ergebnis. Wenige Minuten später ließ er mich auf die Infektions-Station legen. Ganz allein, in ein Einzelzimmer. In den folgenden Tagen kamen die Schwestern und Ärzte nur mit Papierkittel, Mundschutz und Handschuhen herein. Das machte mich verrückt. Handschuhe und Mundschutz wurden für mich zum Symbol für Angst vor AIDS.

Ich war der erste AIDS-Fall im Krankenhaus, das Personal wußte überhaupt nicht, wie es sich verhalten sollte. Also kapselte es mich ab, hängte draußen ein Schild mit fetter Schrift an die Tür: Vorsicht! Infektionsgefahr! Eintritt nur nach Absprache. Es war eine schreckliche Zeit, zumal mir niemand die Ursache für meine Schmerzen sagen konnte.

Ich wurde immer dünner. Hans erschrak jedes Mal,

wenn er mich sah. Sie spritzten mir Morphium, hängten mich an Schläuche und Flaschen. Aber nichts half. Dafür durften einige Medizinstudenten an mein Bett und mich begutachten. Ich war ja ein interessanter Fall, die AIDS-typischen Erkrankungen wurden noch erforscht. Sie wirkten alle total unsicher, dachten wahrscheinlich, daß mir eine Geschwulst aus dem Kopf schießt oder die Arme abfallen. Auch sie konnten mir nicht helfen, nach drei Monaten Isolation und Null-Ergebnis wurde ich von Mannheim nach Ludwigshafen überwiesen. Auch dort kam ich auf die Infektionsstation. Am ersten Tag lief im Radio gleich dreimal »For ever young« von Alphaville. Bis dahin einer meiner Lieblingssongs. In Ludwigshafen fing ich an, diesen Titel zu hassen. Für mich würde er nicht zutreffen. Grauenhafte Untersuchungen folgten in den nächsten Tagen. Mit einer 30 Zentimeter langen Hohlnadel holten sie mir Knochenmark aus dem Rücken. Sie punktierten Gehirnwasser und stanzten mir ein Stück Fleisch aus der Hüfte. Und endlich kamen sie zu einer Diagnose: Knochenmarktuberkulose. Eine seltene Krankheit, im süddeutschen Raum gab es damals keinen einzigen Fall. Also wieder ein Sechser im Lotto, dachte ich sarkastisch für mich.

Ich mußte in ein Gipsbett, ein weiteres Vierteljahr Behandlung mit knallharten Medikamenten folgte. Das erleichterte mir den körperlichen Entzug von Drogen, den ich bereits in Mannheim zwangsweise begonnen hatte. Ich war also nach langer Zeit richtig clean, aber keinesfalls glücklich. Depressionen, Schmerzen und das Isoliertsein quälten mich. Erstmals wurde ich mit der Tatsache konfrontiert, daß ich HIV-positiv bin. Es waren schlimme Erfahrungen, die ich sammeln mußte. Ich fühlte mich wie in einem Glashaus. Niemand getraute sich an mich ran, keiner wollte mir die Hand geben. Ich hatte eben die Seuche an mir.

Nach insgesamt sechs schrecklichen Monaten Krankenhausaufenthalt mit körperlichen und seelischen Qualen wurde ich endlich entlassen. Ich war total abgemagert, bekam von einem Orthopäden noch ein Stützkorsett angepaßt. Trotz Hochsommer blieb mir nichts anderes übrig, als es zu tragen. Denn meine weichen Knochen mußten wieder hart werden.

Ich brauchte mehrere Wochen, um mich einigermaßen zu erholen. Kaum stand ich jedoch richtig auf den Beinen, wurde ich erneut rückfällig. Der Besuch von zwei Junkie-Freunden reichte, um wieder der Sucht zu erliegen.

Das Geld besorgten Hans und ich uns auf die alte Tour. Er knackte Autos, klaute Handtaschen, und ich fälschte, immer noch im Stützkorsett, die Schecks. So konnten wir zumindest unsere Tagesration absichern. Das ging eine Weile gut, bis eines Tages die Kripo auf die Pferderanch kam.

Wieder wurde Hans verhaftet. Allein konnte und wollte ich keine Autos knacken. Also war ich gezwungen, auf eigene Faust eine Entgiftung zu machen. Mitten im selbstgewählten Entzug erhielt ich einen kurzen Brief von meiner Mutter. Lange hatte ich von ihr nichts mehr gehört. Der Inhalt war schockierend: »Vater ist gestorben. Er hat sich aufgehängt.« Keine einzige Träne lief bei mir. Mein Verhältnis zu den geschiedenen Eltern war seit langem unterkühlt, Herzlichkeit nie vorhanden. Ich war kein Wunschkind, und das spürte ich von klein auf. Mir fehlte es zwar materiell nie an etwas, dafür aber immer an Wärme. Die holte ich mir als Ersatz bei meiner Oma.

Ralf, mein Bruder, sagte mir am Telefon, daß ich künftig mit im Haus wohnen könnte. »Die Beerdigung ist übermorgen, sieh bitte zu, daß du runterkommst.« Ich schaffte es nicht, weil ich mich mit Drogen zuknallte und erst einen Tag später losfuhr.

Auf der Zugfahrt nahm ich mir auch deshalb ganz fest vor: Marita, wenn du in Hamburg bist, fängst du ein neues Leben an. Hans wird für lange Zeit im Gefängnis sein, du wirst endgültig mit Drücken aufhören.

Ich stand vor dem Haus, in dem ich geboren worden war, in dem ich meine ganze Kindheit verbracht hatte. Zurückgekommen war ich als ein menschliches Wrack, total krank, AIDS-infiziert, heroinsüchtig, abgemagert, Stützkorsett am Leib. Ich klingelte. Ich hörte Ralf die Treppe des dreistöckigen Zweifamilienhauses herunterpoltern. Er machte die Tür auf. Die Frische in Person, die Gesundheit pur. Eine tolle Gesichtsfarbe, blonde Haare, 1,90 m, offenes Hemd, Jeans. Und ich? Tigerhose in den Stiefeletten, schwarze, durchschwitze Haare, blaß und dünn. Ralf sagte kein »Hallo« und kein »Guten Tag«. Er war früher mal sehr stolz auf seine Schwester gewesen, um die ihn alle Männer beneidet hatten. Später erzählte er mir: »Ich dachte, eine 70jährige Frau steht vor mir.« Ralf, der inzwischen fest liiert war und ein dreijähriges Mädchen hatte, sagte: »Stell erst mal deine Koffer ab, komm mit hoch und dann trinken wir einen Kaffee.« Mein Bruder, ein unheimlicher Pedant, hatte in seiner Wohnung alles ganz süß hergerichtet, richtig schön, nett, kleinbürgerlich. Ich fühlte mich aber überhaupt nicht wohl, konnte mich nicht freuen, daß ich wieder zu Hause war. Ich überlegte auch schon wieder, wo ich mich am besten verdrücken konnte, um mir vom letzten Heroin einen Druck zu setzen. Ich trank einen Anstandskaffee und spielte noch ein bißchen mit der Göre. Ich selbst wollte nie ein Kind in diese rücksichtslose Welt setzen. Das hätte mich auch in meiner persönlichen Freiheit zu sehr eingeschränkt. Zumal ich spürte, daß es mir an Verantwortungsgefühl für eine harmonische Mutter-Kind-Beziehung fehlte.

Ralf gab mir den Schlüssel für die untere Wohnung. Dort packte ich gierig das letzte Heroin aus und machte dann regelrecht eine Zeremonie daraus. Es sollte schließlich mein letzter Druck sein. Ich gab ihn mir richtig mit Genuß. Ich füllte das letzte bißchen Heroin auf einen Teelöffel, gab etwas Zitrone und Wasser dazu, kochte es mit dem Feuerzeug kurz auf, zog es in die Pumpe und spritzte mir den Stoff in die Vene. Danach packte ich das gesamte Fixerzeug in eine Mülltüte. Ganz theatralisch trug ich sie nach draußen, schmiß sie in die Tonne. Ade ihr lieben Drogen, Mülleimer zu.

In der Wohnung wurde mir erst mal bewußt, wie erbärmlich mein Vater zum Schluß gelebt hatte. Einsam und verhärmt, denn von meiner Mutter war er bereits seit einiger Zeit getrennt und geschieden. Er hatte die Wände und die Decke mit Holz vertäfelt. Eine Liege, ein Fernseher und ein Radiator füllten das Zimmer aus. Eine Etage höher, auf dem Boden, fand ich ein zerknülltes Taschentuch, Hausschuhe und die Wäscheleine, mit der er aus lauter Kummer über sein verpfuschtes Leben Selbstmord begangen hatte.

Ich bezog das Bett neu, wollte unbedingt den typischen Geruch von meinem Vater weghaben. Einschlafen konnte ich nicht. So fing ich an, auch noch die Schubladen zu durchstöbern. Das erste, was mir in die Hände fiel, war die Zahnbrücke meines Vaters. Ich brachte sie sofort zum Mülleimer. Die ganze Nacht habe ich Klamotten rausgeräumt, alles, was er besaß, in den Keller getragen. Ich wollte nicht mehr erinnert werden.

Nachdem ich gezwungenermaßen ohne Drogen lebte, bekam ich die Freßsucht. Ralf verwöhnte mich, wir verstanden uns prächtig, schauten bei ihm Videos, hörten Schallplatten und Kassetten. Wir gingen oft spazieren, ich erholte mich glänzend, konnte das Stützkorsett ablegen. Ich hatte wieder eine Traumfigur. Ralfs Freunde bewunderten mich, das tat mir gut.

Doch meine Geldprobleme nahmen zu. Beim Sozialamt war ich nicht gemeldet. Ich hatte keine Einkünfte, konnte mir nichts leisten. Ralf gab mir zwar ab und zu etwas, doch das reichte nicht. So knackte ich sogar die Keksdose meines Vaters, in der er jahrelang Groschen gesammelt hatte. Deshalb nahm ich auch sofort einen Job als Bardame im »Innlokal« an, der mir angeboten wurde.

Dort lernte ich Gudrun kennen, die gerade aus dem Knast gekommen war. Wir hatten viele gemeinsame Bekannte und deshalb auch eine Menge Gesprächsstoff. Kurz vor Feierabend fragte sie mich: »Kommst du noch ein wenig mit zu mir? Kannst auch ein bißchen Gift bekommen.« Und sofort, nach Monaten der Abstinenz, war ich scharf. Von Ralf, der an diesem Abend auch im Lokal war, ließ ich mir 50 Mark geben. »Nur für Shit«, beruhigte ich ihn. Er kam mit. Im Bad der kleinen Mansardenwohnung gab mir Gudrun heimlich ein kleines Päckchen und eine Pumpe in die Hand. Und nach über fünf Monaten wurde ich erneut rückfällig. Ich saß auf der Klobrille und fand auf Anhieb eine der Venen, die sich wunderbar erholt hatten. Es war Thaigift, rosaweißes Heroin, was ganz Seltenes. Ich mußte es gar nicht großartig aufkochen, es hatte sich schnell aufgelöst. Ich fühlte mich selig, der geliebte Kick war wieder da. Ich dachte nur: Das ist das Größte und es bleibt das Größte. Es gibt nichts, was da rankommt. Ich bin und bleibe für immer und ewig süchtig. Einmal Heroin, immer Heroin.

Gudrun, sie starb 1989 an einer Überdosis, gab mir beim Abschied noch ihre Telefonnummer. Gleich am nächsten Nachmittag verabredete ich mich mit ihr zum nächsten Druck.

Nicht lange und mein Bruder bekam meine Veränderung mit. Er wäre fast in eine Spritze getreten. Das Zimmer sah schlimm aus. Überall lagen die Pumpen und Löffel rum. Auf Ordnung hatte ich überhaupt nicht mehr geachtet. Ralf war total enttäuscht. Er packte das ganze Zeug zusammen und anschließend in den Müll. »Das ist eine Scheiße mit dir, Marita. Ich möchte nicht, daß du mit mir weiter unter einem Dach wohnst. Sieh zu, daß du dir eine Wohnung besorgst.« Ralf war sehr konsequent.

Noch am selben Tag rief ich meine Oma an. Sie war immer für mich da, wenn ich sie benötigte. Ein toller Mensch. Zusammen gingen wir zum Sozialamt. Die wiesen mir in Neuwiedental eine Wohnung zu. Eine richtige Assiwohnung, im Hochhaus, im 7. Stock. Ich war unglücklich und auch von mir selbst enttäuscht.

Ich trat die Flucht nach vorn an und ging zusammen mit Gudrun jeden Tag auf St. Georg anschaffen. Meine Infektion verdrängte ich. Wenn man nicht damit konfrontiert wird, fällt das gar nicht schwer. Ich lebte inkognito mit dem Virus, nur ganz wenige Personen wußten zu dieser Zeit über meine Infektion Bescheid. Insofern mußte ich auch nicht darüber reden. Die Angst vor schweren Krankheiten oder einem Siechtod war allerdings immer vorhanden. Doch die schaltete ich mit Drogen aus. Für die Droge brauchte ich Geld. Und Geld bekam ich durch Anschaffen. Ein teuflischer Kreislauf. Ich arbeitete, wie ich es gewöhnt war, nur mit Gummi. Insofern war das Risiko für die Freier äußerst gering.

St. Georg als solches bereitete mir anfangs Probleme. Ich empfand es als Absturz. Und das war es ja auch. Vorher hatte ich nur in festen Häusern verkehrt, mit dem Straßenstrich überhaupt nichts am Hut gehabt. Aber als ich feststellte, wie schnell auch mit dieser Art Prostitution Geld zu verdienen ist, verschwand das unangenehme Begleitgefühl. In den Stundenhotels kam ich täglich auf rund 800 Mark. Ich mußte nicht mehr halbnackt mit dem Hintern an der Wand stehen und hatte normale Straßenkleidung an.

In festen Häusern hätte ich inzwischen nicht mehr arbeiten können. Mein Körper war total zerstochen. Doch in St. Georg hatte ich keine Probleme, Freier zu bekommen. Alle paar Minuten hielt ein Auto. Die meisten Freier waren schon mit einer Handmassage zufrieden. Andere Sachen redete ich ihnen aus, wies immer auf die Gefahr hin, daß die Polizei kommen könnte und dann vielleicht ein Brieflein bei der Ehefrau anflattert. So gab es zwar meistens nur zwischen 50 und 70 Mark. Aber es ging halt ruck, zuck.

Rund 800 Mark täglich, doch mein Drogenkonsum stieg gewaltig an. Ich machte den Fehler und zog mir nebenbei noch die berüchtigten Rohypnol-Tabletten rein. Ein hartes Barbiturat, das das H-Feeling intensiviert. Ich gewöhnte mich schnell an den doppelten Drogenkonsum. Es dauerte aber nicht lange, und ich klapperte wieder mächtig ab. Als Süchtiger vergißt du zu schlafen und zu essen. Der Appetit fehlt, die Ernährung ist einseitig. Meine Erholung vom Elternhaus war aufgebraucht. Ich mußte festellen, daß das HIV-Virus mir ganz schön zu schaffen machte, meine Widerstandsfähigkeit zersetzte. Ich erschrak vor mir selbst, wenn ich in den Spiegel schaute.

Als ich in drei Wochen wieder zehn Pfund abgenommen hatte, bekam ich Panik. Die Folge? Ich betäubte mich noch intensiver, nahm noch mehr Tabletten und dosierte noch stärker Heroin. Aber eines Tages war ich so fertig, daß ich in meiner Wohnung in Neuwiedental 36 Stunden durchschlief. Ich wachte auf, ohne einen Druck zu haben. Ich war zum körperlichen Entzug verurteilt. Ich hatte niemanden, den ich anrufen konnte.

Drogendealer auf dem Hansa-Platz in St. Georg (oben).
Festnahme eines mutmaßlichen Dealers auf dem Hamburger
Hauptbahnhof.

Gudrun besaß kein Geld, vor meinem Bruder und meiner Oma schämte ich mich.

Ich war affig, hatte Schmerzen und Krämpfe. Ich wußte, was auf mich zukommt. Schließlich hatte ich es mit Hans schon mehrere Male versucht. Ich fror und schwitzte gleichzeitig. Ich spuckte Galle, unten und oben kam es raus. Der Schmerz kroch vom Kopf langsam den Rücken herunter. Ich ließ mir Wasser in die Wanne ein, um das Gliederzerren wie auf einer Streckbank halbwegs zu ertragen. Nach zehn Nächten konnte ich das erste Mal für mehrere Stunden schlafen. Als ich am 15. Tag morgens aufwachte, waren der Schüttelfrost und das Unwohlsein weg. Aber Depressionen waren da. Wozu eigentlich noch leben? Wozu diese ganze Kacke noch mitmachen?

Zum Glück kam an diesem Tag die Benachrichtigung vom Sozialamt, daß ich mein monatliches Geld abholen könnte. Rund 700 Mark bekam ich mit HIV-Zulage. Ich wollte es nicht in Drogen umsetzen, hatte richtige Angst davor. Und so rannte ich ins Kaufhaus, kaufte mir ein Lederkostüm, ein bißchen Kaffee, Zigaretten und mehrere Kleinigkeiten zu essen und zu trinken. 30 Mark blieben übrig. 30 Mark für den ganzen Monat. Aus Selbstschutz.

In Neuwiedental füllte ich die leeren Vorratskammern auf und bekam danach wieder Depressionen. Ich hatte die Idee, Gerd, meine große Teenie-Liebe, doch mal anzurufen. Ich wollte ihn einfach noch einmal sehen, wußte ja auch nicht, wie lange mir noch bleibt.

Ich hatte eine richtige Endzeitstimmung.

Gerd freute sich riesig. Wir hatten uns sieben Jahre nicht gesehen. Zwar hatte er gehört, daß ich auf Heroin abgestürzt war, aber er wollte mich gleich treffen. Am liebsten sofort.

Plötzlich hatte ich nur noch Angst vor dem Augenblick des Wiedersehens. Gerd kannte ja eine ganz andere Umgebung von mir. Oh Gott, und wenn er dann mit dem Rumpelfahrstuhl hochfährt, mich so abgeklappert und ausgemergelt sieht? Dazu diese ätzende, peinliche Wohnung. Was soll er nur denken? Ich schämte mich bereits im voraus. Und was ziehe ich an?

Nach langem Hin und Her entschied ich mich für ein weißes Modell-Kostüm mit engem Rock und Jacke. Dazu zog ich einen Pullover, Seidenstrümpfe und Pumps an. Ich muß unmöglich ausgesehen haben. Die Haare hatte ich zu einem Pferdeschwanz zusammengebunden, dann klatschte ich mir noch ein bißchen Farbe ins Gesicht. Ganz nervös rauchte ich eine nach der anderen. Ich versuchte, die Wohnung ein bißchen hübsch zu machen, legte eine weiße Decke auf den Tisch und zündete eine Kerze an. Dann warf ich eine Decke mit Rüschen aufs Bett. Den häßlichen Kleiderschrank drapierte ich mit zwei himmelblauen Bettlaken. Typisch für einen Drogensüchtigen, dieser künstlerisch-kitschige Touch. Eine ausgeflippte Bude habe ich gezaubert, über den Sessel noch Schleifen und Tüll geschmissen. Richtig bescheuert. Und dann klingelte es.

Ich lief Gerd entgegen, weil ich mir nicht ganz sicher war, daß er die Wohnung findet. Ich ging auf den langen Gang Richtung Fahrstuhl. Das Neonlicht blendete grell. Als ich um die Ecke bog, stand Gerd vor mir. Braun gebrannt, mit einem strahlenden Gesicht, die blonde Haarmatte nach hinten geworfen. Er versuchte, gut zu spielen, aber ich bemerkte das irritierte Zwinkern in seinen Augen. Trotzdem nahm er mich ganz fest in den Arm und drückte mich ungewöhnlich lange. Dann wackelte ich total verunsichert mit meinen dünnen Beinchen vor ihm her. In der Wohnung atmete Gerd einmal tief durch. »Marita, was ist bloß aus dir geworden?«

Ich stand da wie so ein Häufchen Elend, mir liefen die Tränen übers Gesicht. Gerd, dieser große, breite Kerl, schnappte mich. »Das kriegen wir schon wieder hin. Ich hole dich da raus aus dem Sumpf. Du kommst zu mir, ich spreche nur noch mit meiner Frau.« Danach holte Gerd zwei Flaschen Wodka aus seiner Jacke und wir feierten ein bißchen ab. Der Alkohol machte mich gesprächig. Ich schüttete mein Herz aus, erzählte ihm meinen Lebens- und Leidensweg der letzten Jahre. Meine Infektion verheimlichte ich aber.

Gerd verschwand wieder, als es schon hell wurde. Am Abend kam dann der Anruf, auf den ich so sehnsüchtig gewartet hatte. »Hallo, mein Püppchen, zieh dich an, ruf dir ein Taxi, ich bezahle das, und komm rüber.« Ich gab mir richtig Mühe, gut auszusehen, und fuhr dann zu ihm und seiner Frau Donata.

Beide waren sehr nett und päppelten mich wieder richtig hoch. Über meine Krankheit schwieg ich. Ich hatte die Befürchtung, daß sich dann alles ändert. Schließlich ist AIDS nun mal ganz eng mit dem Tod verknüpft, Berührungsängste kommen da automatisch. Viele dachten ja damals noch, daß sie sich schon beim Händeschütteln infizieren.

Bei AIDS dreht sich alles um die Angst vor dem Tod. Ich habe einen Vertrag mit ihm abgeschlossen. Ich trage ihn in mir, bin also wie eine Zeitbombe. Für jeden Menschen kann ich auch lebensgefährlich werden. Das schockt die Leute. Und darin besteht die große Gefahr, daß Angst größer als jedes Gefühl ist.

Ich wollte weiter als Marita gesehen werden und nicht als die AIDS-kranke Frau. Wenn man sich zu seiner Krankheit bekennt, das habe ich später selbst noch mehrere Male mitbekommen, legt man sich selbst Felsen vor die Füße. Ich wollte mich zu dieser Zeit einfach noch nicht dazu verurteilen, einsam zu sein.

Bei Gerd dachte ich viel nach, manchmal stundenlang. Mir wurde bewußt, wie oberflächlich ich eigentlich war. Ich wollte immer nur bewundert werden, lediglich Äußerlichkeiten zählten. Das wollte ich ändern, das nahm ich mir ganz fest vor. Doch sobald es mir besser ging, waren diese Vorsätze eigentlich schon wieder über Bord geworfen. Ich fing an, im Puff von Gerd zu arbeiten. Ich war dort trotz meines höheren Alters gefragter als die anderen Frauen. Aber Gerd bekam Ärger mit seinen restlichen Partien. Die waren eifersüchtig auf mich, denn ich wohnte ja auch bei ihm. Weil die Streitereien dann immer mehr zunahmen, vermittelte er mich in die Herbertstraße.

Das sprach sich auf dem Kiez schnell rum. Marita ist wieder da. Aber ich arbeitete dort noch nicht mal eine Woche, da holte mich die Vergangenheit ein.

Das erste Mal im Gefängnis

»Die Infektion sollte von Außenstehenden als etwas Normales angesehen werden. AIDS zerstört nicht den Geist, sondern den Körper. Insofern kann jeder Betroffene nach dem positiven Testergebnis für die Gesellschaft noch genausoviel wert sein wie vorher.«

Vor dem Fenster in der Herbertstraße standen zwei Herren. »Dürfen wir mal reinkommen?« Ich spürte sofort, daß das keine Freier waren. »Wir suchen eine Marita Possner.« »Ja, das bin ich.« »Wir haben hier einen Haftbefehl, Sie sind mal so freundlich, ziehen sich an und kommen mit.« »Aber ich habe doch gar nichts gemacht.« Sie reagierten überhaupt nicht. Beim Hinausgehen gab ich der Wirtschafterin noch 100 Mark, damit ich keine Mietschulden besaß. Ich hatte einen schwarzen Lederanzug an, die Haare straff nach hinten gekämmt und die Puffschminke ziemlich dick aufgetragen. Mir war klar, daß ich diesmal in den Knast mußte. Haftbefehl wegen Bewährungswiderruf, das konnte nicht gut gehen.

In der Davidswache wies ich darauf hin, daß ich meinen Anwalt sprechen möchte. »Keine Eile, wir prüfen erst einmal ihren Haftbefehl«, sagte so ein väterlicher Bulle. Eine kleine Hoffnung. Doch schon eine Viertelstunde später war sie zerstört. »Tut mir leid. Wir müssen Sie ins Untersuchungsgefängnis einliefern. Warum kommen Sie nur von diesen Drogen nicht los ...?« Mehrere Stunden wartete ich dann auf den Gefangenentransport. In dieser endlosen Zeit lernte ich zwei Mädels kennen, die aus dem Heim ausgerissen waren, und einen Typen, der mir die Telefonnummer eines Anwalts aufschrieb. Den rief ich auch sofort an und bat ihn, Gerd zu informieren.

Gerd kam mit rotem Jogging-Anzug, den Fuß in Gips, halb besoffen in die Wache getorkelt. »Wer hat meine

Frau hier eingesperrt?« »Halten Sie Ihren Mund, sonst sperren wir Sie gleich mit ein«, schallte es aus der Ecke. Gerd spielte aber weiter den Großkotz. »Ich zahle dir den teuersten Anwalt, Mädel.« Vor Aufregung vergaß ich, ihn nach Geld zu fragen. Ich hatte keine Mark mehr, nur noch drei Zigaretten, als die Gefangenen antreten mußten. Drei Männer mit Handschellen wurden zuerst abgeführt, dann kam ich an die Reihe. »Na, Marita, wir brauchen ja wohl keine Handschellen bei Ihnen«, sagte der Bulle ganz nett zu mir. Dabei hatte ich wirklich noch an Flucht gedacht, aber mit meinen hohen Schuhen war das zwecklos.

Wir wurden in einen großen grünen Bus gedrängelt, der statt Fenster nur Sehschlitze hatte. Drei Stufen ging ich hoch, ein mürrischer Beamter mit häßlichem Schnauzbart brüllte: »Zelle 16.« Ein Kabuff von ein mal ein Meter. Ängstlich fragte ich schnell noch: »Wo geht es denn jetzt hin?« »Na, in den Knast, dumme Frage. Aber vorher zum Berliner Tor, Klavier spielen.« »Aber ich bin doch schon registriert.« »Meinen Sie, wir machen wegen Ihnen eine Extrawurst?« Von der Reeperbahn zum Untersuchungsgefängnis (UG) sind es normalerweise zehn Minuten. Wir brauchten zwölf Stunden. Gegen 20.00 Uhr war ich verhaftet worden, gegen 24.00 Uhr ging die Tour los, mittags 12.00 Uhr kamen wir an. Im Bus bestand keine Möglichkeit sich hinzulegen. Ich hörte immer nur, wenn wir wieder bei einer Wache anhielten und neue Gefangene einstiegen. Nach dem Abnehmen der Fingerabdrücke im Berliner Tor konnte ich mich dort auf einer Holzbritsche das einzige Mal kurz hinlegen. Aber kaum war ich eingeschlafen, rasselten schon die Schlüssel, und ab ging es wieder in den Bus.

Ich war richtig froh, als wir endlich im UG ankamen. »Alles aussteigen, Endstation.« Die Tür wurde aufgerissen, die Sonne knallte mir nach der langen Dunkelheit brutal ins Gesicht. Ich war noch immer Herbertstraßen-geschminkt, mit Kajal die Augen hochgezogen, fast schwarze Lippen und Rouge drauf. 150 Männer hatten gerade Freistunde. Ich stolperte mit meinen Stiefeletten über das Kopfsteinpflaster. Die Kerle auf dem

Hof und die wenigen an den Fenstern stimmten ein Geschrei wie auf einem Fußballplatz an. War eigentlich ein richtig toller Empfang, einige applaudierten sogar, andere ließen dumme Sprüche los. »Ruf mal rüber, welche Zellennummer du hast. Wie heißt du denn?, ich will dir was schreiben.« Und so weiter. Die Beamtin machte mich gleich an, weil ich so aufgedonnert war. Ich pöbelte zurück: »Im Puff sieht man nun mal nicht anders aus.« Sie führte mich durch das Gefängnis, die Männer standen an den Gitterstäben wie Schimpansen hinter einem Käfig. Als erste Mahlzeit gab es in einem Blechnapf Bratklops, Schneidebohnen und einige Salzkartoffeln. Ich hätte kotzen können. War ja auch total verwöhnt.

Ich rührte nichts an, meine depressive Stimmung wurde durch meinen Anwalt, der mich besuchte, noch stärker. Er ließ mir keine Hoffnung. »Der Haftrichter wird Sie nicht laufen lassen. Ich habe mich schon mal erkundigt. Bewährungswiderruf, da gibt es keinen Pardon. Machen Sie sich auf einen Aufenthalt gefaßt. Wie lange müssen Sie denn sitzen?« »Na, neun Monate«. »Naja, ist ja nicht so schlimm.« »Natürlich ist das schlimm.« »Wo sind Sie denn verurteilt worden?« »Vom Heidelberger Gericht damals in Mannheim.« »Da werden Sie bestimmt nach Heidelberg kommen.« Ich zitterte. »Bitte rufen Sie den Gerd noch einmal an und sagen Sie ihm, daß ich Zigaretten brauche, Wäsche, Hausschuhe, Bademantel und Schminke.« »Die kriegen Sie sicherlich nicht rein, wegen Gefahr des Drogenschmuggels.«

Kaum hatte sich der Anwalt verabschiedet, wurde ich auf die Frauenstation in eine Kellerzelle geführt. Die hatte ein Doppelbett mit kariertem Bettzeug, ein Klo, einen Holztisch und zwei Stühle. »Machen Sie es sich ein bißchen gemütlich, und dann wollen wir mal sehen, was der Haftrichter meint«, sagte die Beamtin. Immer noch hatte ich die kleine Hoffnung, daß ich vielleicht wieder rauskomme. Ungefähr eine halbe Stunde später, ich hatte ja keine Uhr dabei, machte es laut scheppernd klack, klack. Die Zellentür wurde aufgeschlossen, ich sollte meine Sachen mitnehmen und zum Haftrichter mitkommen. Wieder ging es zunächst durch das ganze Gefängnis, bevor eine schmale Wendeltreppe zu einem einzelnen Zimmer führte. Davor saß ein Afrikaner mit versteinertem Gesicht. Er hatte bereits den roten Schein, den Haftbefehl, in der Hand. Nach fünf Minuten wurde er aufgerufen, zwei Minuten später kam er heulend wieder raus, den Schein zerrissen.

Der Haftrichter würdigte mich zunächt keines Blickes, als ich ins Zimmer kam. Er saß auf einem Podest über seinem Aktenberg, neben ihm eine Sekretärin. Ich nahm eine Stufe tiefer auf einem Babystuhl vor einem Holztisch Platz. Er schaute über seine randlose Brille. »Na, Frau Possner, Sie sehen ja ganz schön mitgenommen aus. Hatten wohl eine anstrengende Nacht hinter sich?« »Das kann man wohl sagen, wenn man abends verhaftet wird und erst am nächsten Mittag hier ankommt.« »Na, da wollen wir mal sehen, was wir für Sie machen können. Sie bleiben jetzt erst mal hier bei uns, dann werden Sie in ungefähr zwei, drei Wochen nach Heidelberg abtransportiert. Also, sehen Sie zu, daß Sie hier alles in Hamburg geregelt haben, weil Sie dann Ihre Liebsten die nächsten Monate wohl nicht wiedersehen. Unterschreiben Sie mal hier bitte.« »Aber ...« »Gegen Bewährungswiderruf kann ich nichts machen, das hat Heidelberg veranlaßt. Das hätten Sie sich vorher überlegen müssen. Auf Wiedersehen.«

Ausschlaggebend für meinen Bewährungswiderruf war, daß ich mich bei Gerd nicht polizeilich gemeldet hatte. Die hatten mich in Neuwiedental auf Grund einer Anhörung vergeblich mehrere Male versucht zu erreichen. Das zählte bereits als Verstoß gegen die Bewährung, die bei mir wegen des mehrmaligen Verstoßes gegen das Betäubungsmittelgesetz lief. Ich kam sofort in eine andere Zelle zur Beobachtung.

In der B-Zelle mit Sichtfenster für die Gefängnisangestellten brannte rund um die Uhr das Licht, Geschirr gab es nur in Plastikausführung, Besuche waren untersagt. Ich verlangte gleich den Arzt oder einen Sozialarbeiter zu sprechen. »Da müssen Sie Anträge schreiben und morgen nach dem Wecken abgeben«, informierte mich der Beamte. »Aber ich will heute den Arzt sprechen.« »Nein, Frau Possner, jetzt müssen Sie sich erst einmal an unsere häuslichen Gepflogenheiten gewöhnen. Hier geht alles nur per Antrag.« »Wann ist denn Einkauf?« »Ja, morgen, haben Sie denn Geld mit?« »Nein, aber ich kriege was gebracht.« »Tja, wenn Sie kein Geld auf dem Konto haben, dann können Sie erst in 14 Tagen wieder einkaufen.« »Und kann ich denn zumindest den Pastor sprechen?« »Der ist immer nur sonntags da.« »Und was ist heute für ein Tag?« »Dienstag.« »Ich werde verrückt, ich habe doch nichts zu rauchen.« »Na, da fragen Sie mal den Pastor, der gibt hin und wieder ein bißchen Tabak ab«. »Aber Sie sagten doch, der kommt nur sonntags.« »Na, da müssen Sie eben einige Tage mal auf das Rauchen verzichten.«

Ich wurde fast hysterisch. Aber glücklicherweise kam noch am selben Tag ein Arzt, der alle Neuzugänge pro forma untersuchte. Ein hochgewachsener Mann ohne Uniform. Er fragte mich über sämtliche Erkrankungen aus. Ich legte gleich voll los: »Ja, im letzten Jahr hatte ich Knochentuberkulose.« Da stutzte er schon, ganz interessanter Fall. »Und dann war ich auf Heroin, mehrere Jahre. Habe gerade einen Entzug hinter mir. Ich will jedenfalls ins Krankenhaus, ich bin haftunfähig.« »Und haben Sie sonst noch andere Erkrankungen? Ist der Blinddarm noch drin, haben Sie Geschlechtskrankeiten? Oder nach der Knochentuberkulose vielleicht eine Lungentuberkulose bekommen?« Ich sagte immer nein. Er schaute von seinem Blatt überhaupt nicht mehr auf. »Sind Sie HIV-positiv?« »Eh …« »Ja, sind Sie es nun oder nicht?« »Ja.« »Mensch, dann sag das doch gleich, Mädel, dann kommst du mit auf die Krankenstation.« »Ehrlich?« »Ja.« Ich freute mich. Auch, daß der Arzt so locker reagiert hatte, meine Krankheit anscheinend als etwas ganz Normales ansah. Das ist es ja auch. Denn der Körper, aber nicht der Geist eines Menschen wird durch AIDS zerstört. Insofern ist jeder Betroffene für die Gesellschaft auch nach seinem positiven Testergebnis noch genausoviel wert wie früher.

Ich hatte im Krankenhaus auf gemütliche Zimmer mit weißen Betten gehofft. Aber es sah ähnlich wie in einer Zelle aus. Doch ich hatte zumindest einen Fernseher, und auch sonst ging es lockerer zu. Und ich hatte Glück, weil der Pastor immer mittwochs auf die Krankenstation kam.

Er kümmerte sich phantastisch um uns Frauen. Vor allem um mich, weil ich eben HIV-positiv war. Er rief auch gleich den Gerd an, der mir 200 Mark zukommen ließ. So konnte der Pastor am anderen Tag für mich einkaufen gehen: zwei Stangen Zigaretten, eine Stange Tabak, Kaffee und Schokolade. Ich hatte einen vollen Schrank, ich verbrachte zwei angenehme Wochen auf der Krankenstation. Dann erhielt ich die Nachricht, daß ich nach Heidelberg muß.

Ich bekam die Akte in die Hand gedrückt. Auf ihr stand HIV-positiv. Die Busfahrt ging in der Mittagszeit los. Der Abschied war genauso wie der Empfang. Die Reise sollte zwölf Tage dauern, elf Übernachtungen in verschiedenen Gefängnissen waren geplant. Ich hatte rund 200 Zigarettenhülsen dabei. Sehr viel. Ich wollte ja auch ein bißchen aushelfen, bestechen, mich beliebtmachen. Ist nun mal so im Knast. Tabak ist Zahlungsmittel.

Mehrere Stunden fuhren wir auf der Autobahn. Ich war genervt und kaputt, als wir abends in Bremen ankamen. Bin regelrecht in die Zelle reingefallen. 4.30 Uhr wurden wir wieder geweckt, dann ging es weiter. Zwei Wochen lang von Knast zu Knast.

Das aus rotem Backstein gebaute ehemalige Kloster in Heidelberg lag in einer Tiefebene, umgeben von Wäldern und Bergen. Fast idyllisch, wenn es nicht ein Gefängnis gewesen wäre.

Ich bekam eine Zelle mit Ausblick Sonnenseite. Zuerst fiel mir mein gelber Vorhang vor dem Klo auf. Sehr angenehm, denn so mußte ich beim Essen nicht mehr die Schüssel angucken. Außerdem war der Boden aus Holz und nicht aus Stein.

Im Heidelberger Gefängnis waren wir nur 20 Frauen. Wegen meiner Infektion, die ansonsten aber geheimgehalten wurde, war ich in Einzelhaft. Ich bekam keine Sonderzulagen und fühlte mich auch ganz ordentlich. Psychisch half mir vor allem ein immer enger werdender Briefkontakt zu Mike, einem ehemaligen Zuhälter aus Hamburg. Er machte mir in seinen Briefen viel

Mut. Ich mochte Mike schon immer, im Knast kann eine solche Romanze über die seelischen Tiefs hinweghelfen. Heidelberg empfand ich jedenfalls als angenehm. Ich war nur eingesperrt bis mittags, von 13.00 bis 17.00 wurden die Türen aufgeschlossen. Da saßen wir dann im Vorraum, redeten über unsere kleinen Probleme, bastelten Puppen oder backten Kuchen. An AIDS habe ich kaum gedacht, ich fühlte mich wohl, schrieb ständig und bekam täglich Post. Zudem kriegte ich reichlich Geld geschickt, was ich dann auf das Konto packen ließ. Denn ich brauchte ja nichts.

Aber nach fünf Wochen sollte es nach Schwäbisch-Gmünd gehen. In die Strafhaft. KZ oder Arbeitslager hatte ich immer nur gehört. Zwei Tage vor der Abreise kamen mehrere Neuankömmlinge. Eine Frau fiel mir auf: total breit. Die konnte gar nicht mehr aus den Klüsen gucken. Am anderen Morgen war die immer noch zu. Ich dachte, jetzt muß die doch langsam einen Affen schieben. Ich schnappte sie mir. »Hast du was in den Knast geschmuggelt?« Sie druckste und gab keine richtige Antwort. Nachmittags bei der Freistunde nervte ich sie erneut. »Hast du Kohle, Taschengeld oder hast du genug zum Rauchen? Brauchst du Kaffee oder was anderes?« »Ich habe nichts dabei, nur einige Gramm Heroin.« Ich wurde gierig, bekam feuchte Hände und Füße. Meine Halsschlagader vibrierte, meine Augen stierten. Am liebsten hätte ich sie angefallen. »Wollen wir einen geilen Deal abwickeln? Ich gebe dir ein bißchen Tabak, Hülsen, Kaffee, was du eben benötigst und überweise dir auch noch Kohle von meinem Konto. Dann kannst du wenigstens einkaufen. Aber dafür muß du was rüberwachsen lassen.« Nach kurzem Überlegen sagte sie: »Okay, ich habe dir sowieso schon was mitgebracht zum Probieren.« Sie drückte mir ein kleines Pack in die Hand. »Kannst du ja mal testen, das ist geiler Stoff. Beste Qualität. Ich muß das Zeug sowieso verbraten. Da ist es besser, wenn ich ein bißchen weniger nehme. Da ist der Affe nachher nicht so groß.« Da ich am nächsten Morgen abtransportiert werden sollte, also nicht mehr aus der Zelle kam, versprach ich ihr, ein Paket für sie zusammenzupacken. Das händigte ich dann auch der Beamtin für sie aus. Wie abgemacht schob sie mir das Heroin durch den kleinen Schlitz der Tür. Ich flippte aus vor Freude, wußte, daß ich in der Anfangszeit eine lockere Haft schiebe. Ich war ohnehin schon breit von dem lütten piece. Nach einem halben Jahr Pause hatte ich erstmals wieder Heroin genommen. Zwar nur mit Nase, der Kick fehlte, aber das Gesamtfeeling war geil. Auf der Fahrt nach Schwäbisch-Gmünd bemerkte eine andere Knastologin dann meine kleinen Pupillen. Die wollte, daß ich ein bißchen Gift rausrücke. Ich tat es nicht, weil ich Angst hatte, daß mich jemand verpfeift, und zum anderen hatte ich alles schön im Unterleib eingebaut.

Schwäbisch-Gmünd war ein Riesenkomplex, der größte Frauenknast Deutschlands. Weit und breit nichts, nur dieses Gefängnis. Wir zwölf Weiber mußten gleich in die Kammer und alle Klamotten abgeben. Wir wurden neu eingekleidet. Mit 70er Mode, viel zu kurze Kordhosen mit einem Riesenschlag, Ringelpullis, verwaschene knallrote Wollsocken und Holzklumpen in der Größe 43. Die klauten uns den letzten Rest Selbstwertgefühl. Ich habe mich geschämt, hätte vor mir auskotzen können, so häßlich haben die uns gemacht. »Wie lange liegen diese Klamotten schon im Knast?« »15 bis 20 Jahre«, bekam ich als Antwort. Die häßlichen Baumwollunterhosen waren länger als breit, schon zehnmal getragen von anderen Weibern. Ich mußte einen BH anziehen, fleischfarben, mit richtigen Spitztüten. Der Wintermantel war aus kratzigem Flanell in Kackbraun, die Taille saß unterm Busen, der spitze Kragen reichte zwanzig Zentimeter tief. Das einzig gute Stück war eine schwarze Gymnastikhose. Und sonntags durfte ich meinen schneeweißen Jogginganzug und meine Jeansschuhe anziehen. Dazu noch ein Paar Türkisohrringe, das war mein ganzer Reichtum, den ich noch besaß.

In Heidelberg hatte ich vorher noch groß eingekauft, doch sie nahmen mir auch das komplett ab. Die Beamten stellten mir ein Glas Kaffee und vier Päckchen Tabak hin und und sagten, daß das für sechs Wochen reichen muß. »Wieso, ich habe doch alles da.« »Nein, das ist Gleichberechtigung, jeder Neuankömmling hat am Anfang das Gleiche. Sie werden künftig auch arbeiten, ein Drittel vom Lohn wird weggelegt, von den verbleibenden zwei Dritteln können Sie einkaufen. Wer fleißig ist, verdient zwischen drei und fünf Mark am Tag.« »Und wieso muß das jetzt sechs Wochen halten?« »Weil Sie jetzt erst mal zwei Wochen auf Beobachtung gehen.« »Aber ich war doch in Heidelberg schon auf Beobachtung.« »Das interessiert uns nicht, Sie können ja Krankheiten mitgebracht haben.« Mit meinem Heroin in der Muschi, vier Päckchen Tabak, einem Glas Kaffee, einer Kordhose, die gerade mal über die Waden reichte, den anderen unbrauchbaren Klamotten und einer kratzigen Wolldecke unter dem Arm ging ich in die Beobachtungsabteilung. Zwei Kalfaktoren, Häftlinge, die als Hausarbeiter eingesetzt waren, begleiteten mich.

Ich war so demoralisiert, ich hätte sterben wollen. Aber mein Gift möbelte mich wieder ein bißchen auf. Ich versuchte, Tauschgeschäfte zu organisieren, ich mußte ja vor allem Tabak und Kaffee bekommen. Das schaffte ich dann auch mit ein bißchen Heroin als Gegenware. Nach 14 Tagen kam ich in den sogenannten Zombiebau, wo nur Frauen über 30 arbeiteten. Ich fühlte mich aber weitaus mehr zu den Jüngeren hingezogen. Morgens um 5.45 Uhr mußte ich neben der geöffneten Zellentür mit Arbeitskluft stehen. Wir klinkten Glasdias in Plastikrahmen ein. Nach drei Tagen hatte ich zerschnittene und blutige Finger. Ich schaffte 2 000, das Pensum von 6 500 aber bei weitem nicht. Sie zogen mir deshalb vier Stunden ab, am Tag verdiente ich nur 73 Pfennig. Ich ging zur Beamtin und sagte ihr, daß ich die Arbeit verweigere. Sie brachten mich in die Zelle und schlossen mich dort ein. Zehn Minuten später holten sie mir noch mein Radio raus und verboten die Freistunde. Rund um die Uhr war ich eingesperrt. Kein Sport, kein Duschen, kein gar nichts. Es war grauenhaft. Ich meldete mich deshalb freiwillig wieder für die Arbeit. Inzwischen hatte ich noch einen Mörderaffen durchgezogen, weil das Gift alle war. Der Affe war gekoppelt mit der Arbeitsverweigerung. Das war ganz gut, so bekam niemand etwas mit. Bei meiner neuen Arbeit mußte ich Zehn-Meter-Stoffbahnen aus-

rollen, in diesen blöden Holzklumpenschuhen rumra-
sen und Schnittmuster zurechtschneiden. Acht Stunden
rackerten wir. Mittags rannten wir in der ganzen Ko-
lonne rüber in die Kantine und schlangen dort das
Essen hinein. Es war die Hölle. Ich verdiente 32,70 DM
im Monat. Als sich eine Frau in den Finger schnitt,
rastete ich aus: »Ich verweigere sofort die Arbeit, ich
möchte die Ärztin sprechen.« Die hörte geduldig zu,
als ich erzählte: »Anfangs mußte ich Glasdias einklin-
ken, dort habe ich geblutet, jetzt bin ich in der Schnei-
derei, nun hat sich meine Kollegin gerade den Finger
abgeschnitten. Ich bin HIV-positiv, ich habe AIDS, ich
stecke den ganzen Knast an. Außerdem fühle ich mich
krank, schauen Sie sich mal meine dicken Füße an.«
Die Ärztin behielt mich in der Krankenabteilung.

Drei Wochen war ich dort, kriegte fünf Mark Taschengeld die Woche. Ich lag mit einer Frau zusammen, die
halb blind und taubstumm war. Das einzige, was ich
von ihr hörte, war abends zweimal klick. Einmal, wenn
sie ihr Glasauge ins Wasser fallen ließ, und dann ihr
Gebiß. Ich war so froh, als sie ins Zimmer zusätzlich
noch eine Selbstmörderin einlieferten. Allerdings war
sie lesbisch, versuchte nachts in mein Bett zu kriechen.

Als ich nach drei Wochen das Krankenzimmer verließ,
lagen noch vier Monate vor mir. Über meine Infektion
hatte ich kaum nachgedacht, weil ich nicht mit ihr
konfrontiert wurde. Ich verdrängte die Tatsache, bis
sich die ersten schlimmen Erkrankungen einstellten.

Aus Schwäbisch-Gmünd wurde ich richtig proper entlassen. Mit satten 86 Kilo. Aus Frust hatte ich mich
regelrecht vollgefressen. Ich paßte nicht mehr in meinen schwarzen Lederanzug rein.

Gift ist stärker als Liebe

»Meine Gefühle waren manchmal stärker als die Vernunft. Deshalb verschwieg ich selbst in einer festen Beziehung meine Infektion. Ich hatte Angst, daß sie an der Wahrheit zerbricht. Mein schlechtes Gewissen betäubte ich mit Drogen.«

Vor der Haftanstalt stand Christoph. Ich hatte gar nicht mit ihm gerechnet. Es war schließlich überhaupt nicht klar, daß ich nach zwei Dritteln der Zeit rauskomme. Bei einem Telefonat hatte ich ihm nur erzählt, es könnte der 9. November sein. Christoph hatte sich extra ein Leihauto genommen. Unterwegs kaufte er eine Flasche Champagner, die wir in der Einkaufspassage von Mannheim leerten. Danach sind wir zu seiner Freundin Anna-Maria nach Hause. Wir haben ein bißchen gefeiert, und mit der guten Laune stieg die Gier nach Heroin. Maria, die auch drauf war, besorgte Gift. Ich setzte mir nach acht Monaten Pause wieder einen Druck. Aber irgendwie war der Stoff Dreck, ich bekam über 40 Fieber, der Notarzt mußte kommen. Ich wollte eigentlich noch am selben Tag nach Hamburg und mich dort mit Mike treffen, der extra für mich Wochenendurlaub aus dem Knast bekommen hatte. Maria entschuldigte mich telefonisch im Reeperbahn-Lokal, wo wir uns verabredet hatten.

Nach zwei Tagen ging es mir wieder besser, ich fuhr in meine Wohnung nach Neuwiedental. Am Abend ging ich auf den Kiez, in ein Bistro, wo Mikes Freund arbeitete. Der hatte in der Herbertstraße einen Puff und fragte mich gleich, ob ich im Haus 1 anfangen wollte. Ich sagte zu, arbeitete fortan dort als Domina, peitschte und züchtigte die Freier, wie sie es von mir als Stiefelfrau verlangten, und verdiente unheimlich viel Knete dabei. Ich sprühte wieder vor Lebenslust, hatte glitzernde Augen, war verliebt, für mich war das Leben wieder lebenswert.

Und die Männer strömten in Scharen zu mir. Zu dieser Zeit hatte ich auch mein lustigstes Erlebnis mit einem perversen Freier, von denen es ja auch Typen gab, die sich vollpinkeln ließen oder Kacke aßen. Ein Freier, das blieb für mich Abschaum, egal, ob normal oder pervers wie jener, der abends bei mir ans Fenster klopfte.

Ich war als Domina gekleidet, ganz in Schwarz mit Strapsen und Halsband. Die Haare hatte ich streng gescheitelt, die Lippen dunkel gefärbt. Ein Männlein mit zwei Aldi-Tüten fragte ganz schüchtern: »Herrin, gipsen Sie mich ein?« »Sicher, warum nicht?« »Ich habe Gipsbinden dabei.« In meinem Zimmer wollte ich das nicht machen, es war ja eine ziemliche Sauerei zu erwarten. Also sind wir in den Keller ins Badezimer, das allerdings nicht geheizt war. Auf seinen Wunsch ließ ich Wasser in die Wanne laufen und weichte dort die Gipsbinden ein, die er aus seinem Beutel kramte. Ich zog mir schnell noch ein langes lappiges, knallgelbes T-Shirt an.

Als alle Vorbereitungen getroffen waren, fing ich an, ihn einzugipsen. Er hatte einen Taucheranzug an, der bis zu den Knien reichte, um seine Haare zu schützen. Mit hochgestellten Armen sagte er immer nur: »Fester, fester.« Ich gipste ihn von Kopf bis Knie ein. Als Krönung wollte er einen zirka ein Meter langen Penis haben. Ich mußte mir was einfallen lassen. Ich griff mir einen Kleiderbügel, verband ihn mit mehreren Binden und modellierte ihn an den Unterleib. Er war zufrieden, ich auch. Zur gleichen Zeit begann oben eine Geburtstagsfeier, bei der ich ein Gläschen mittrinken wollte. »Das muß jetzt sowieso erst einmal trocknen, ich komme bald wieder«, sagte ich zu dem Freier, der barfuß dastand.

Oben habe ich kurz von dem Typen erzählt, dann haben wir erst einmal gefeiert. Ich vergaß dabei alles andere. Bis mich jemand anstupste: »Willst du nicht mal nach deinem Kunden schauen, der steht schon zwei Stunden da unten.« Ich kriegte einen richtigen Schreck, denn ich hatte überhaupt nicht mehr an den gedacht. Ich flitzte runter. Er klapperte mit den Zähnen, die Lippen waren blau angelaufen. Das Atmen fiel ihm schwer, der Gips drückte auf den Brustkasten.

Er jammerte: »Ein starkes Stück, mich so lange hier stehen zu lassen in der Kälte. Das Schlimmste ist aber die Spinne, die allmählich von der Decke da runterkommt.« Groß und schwarz, baumelte sie an einem langen Faden. Doch ich hatte andere Sorgen. Wie kriegen wir den Gips wieder ab? Ich holte noch drei andere Frauen, die mir helfen sollten. Wir versuchten es mit zwei Hämmern und einer Feile. Vergeblich, die Schicht war ja fast fünf Zentimeter. Er jammerte weiter, hatte schließlich auch 2 400 Mark bezahlt, und jetzt diese Qualen. Im nebengelegenen Bistro-Restaurant bat ich telefonisch um eine Geflügelschere. Der Kellner brachte sogar zwei von diesen Dingern. Doch auch die halfen nicht. Mit der Säge hatte ich Angst. Ich war ratlos. »Paß auf, mir ist das zu heikel. Ich hole jetzt einen Krankenwagen, nicht, daß du uns noch erstickst.« Er wollte das aber auf keinen Fall, um nicht erkannt zu werden. Ich ließ mich aber nicht mehr davon abbringen, hatte keinen Bock, wegen eventueller fahrlässiger Tötung in den Knast zu gehen.

Ich rief im Krankenhaus an und erzählte von dem Fall. Die Schwester lachte sich am Telefon einen ab. Dann kam ein Rettungswagen. Zwei der Sanitäter kümmerten sich um die Trage, der dritte ging runter. Nach zwei Minuten kam er wieder hoch, schmiß sich auf eine Eckbank und trommelte wie wahnsinnig an die Wand. Ein anderer stupste vor lauter Lachen immer die Wirtschafterin an. Das war mir schon echt peinlich. Die Sanitäter versuchten noch, den Gips mit Werkzeug zu entfernen. Da wurde ich ein wenig übermütig. »Von dem Rohr können Sie eigentlich alles wegschneiden, sind eh nur fünf Zentimeter drunter.« Das größte Problem waren allerdings die ausgebreiteten Arme, weil von unten nach oben nur eine Wendeltreppe führte. Zwecklos für eine Trage. Die Sanitäter wickelten deshalb den Freier in ein Tuch, brauchten aber über eine halbe Stunde, um ihn auf die Straße zu hieven. Er bettelte immer wieder: »Bitte, legt mir ein Handtuch auf das Gesicht. Bitte, bitte, ich will nicht erkannt werden.« Mittlerweile hatte sich der Fall in der Herbertstraße herumgesprochen. Die Mädels hingen an den

Fenstern oder standen bei uns im Salon und machten ihre Sprüche. Vor allem, als der Freier wegen seiner Arme zunächst auch nicht in den Notarztwagen paßte. »Schnallt ihn doch oben aufs Dach. Das nächste Mal gibt es einen Koffergriff dran, dann können wir ihn besser transportieren.« Zu guter Letzt wurde er doch noch ins Auto gezwängt und im Krankenauto vom Gips befreit.

Das Arbeiten in der Herbertstraße gefiel mir nicht nur wegen dieser Aktion ganz gut. Zwischen den Frauen herrschte eine Kameradschaft, wie ich sie bisher selten erlebt hatte.

Bereits tagelang vorher freute ich mich auf den ersten Besuch bei Mike. Als es dann endlich soweit war, brauchte ich vier Stunden, um mich zurechtzumachen. Ich wollte besonders schön sein, habe mehrere Male die Frisur und die Klamotten gewechselt, bis ich mit mir zufrieden war. Doch da es auf dem Weg zum Gefängnis regnete, war vor allem von der Haarpracht kaum noch etwas zu sehen. Mike störte das wenig, er nahm mich in den Arm und schwenkte mich kurz durch die Luft. Die zwei Stunden im Besucherzimmer verstrichen im Nu, wir verstanden uns toll. Ich hatte schon ein bißchen Bammel vor dem Besuch gehabt, denn eine Knastbriefromanze kann in der Realität doch völlig andere Züge annehmen. Mike sagte mir, daß er zum Jahreswechsel Urlaub bekommen würde und daß wir uns dann ein bißchen länger sehen könnten. Ich arbeitete bis dahin in der Herbertstraße fleißig, hatte 6 000 Mark zusammengespart.

Ich holte ihn nach den Weihnachtsfeiertagen ab, und dann mieteten wir an der Ostsee ein Zimmer in einem romantischen Hotel. Ich erzählte Mike nichts von der Infektion, ließ mich einfach fallen. Ohne Sicherheitsvorkehrungen schliefen wir miteinander. Ich sagte mir zwar immer wieder, eigentlich mußt du es ihm sagen. Doch ich hatte Angst, daß es dann zwischen uns kaputtgehen würde. Und so habe ich nur gehofft, daß ich tatsächlich keine Überträgerin bin, weil ich Hans ja auch nicht angesteckt habe. Das war sehr, sehr fahrlässig. Heute weiß ich, daß Mike sich zum Glück nicht infiziert hat. Trotz des immerwährenden schlechten Gewissens verschwieg ich mein Positiv-Sein während unseres Zusammenseins. Die Gefühle waren stärker als die Vernunft. Irgendwie war Mike der Typ, den ich jahrelang gesucht hatte. Ich war der großen Liebe immer hinterhergerannt. Mein ganzes Leben. Hier fühlte ich endlich einmal das, was für mich Liebe ist: das Gefühl, ohne den anderen nicht mehr sein zu können.

Ich besuchte Mike ständig im Knast, alle drei Monate bekam er Urlaub. Dank seiner Verbindungen fand ich auch eine Wohnung auf der Reeperbahn, durch die ich aber auch wieder in die Nähe der Szene rückte.

Die Beziehung zu Mike und meine Infektion machten mir sehr zu schaffen. Mir war klar, daß der Tod auf mich wartete. Und ich würde diesen Mann eventuell auch zum frühzeitigen Sterben zwingen. Das machte mich seelisch so fertig, daß ich wieder zu Drogen griff. Durch das Heroin dachte ich über unsere Liebe nur noch wenig nach. Ich geriet wieder voll drauf, ließ mich durch einen Dealer alle vier Stunden in der Herbertstraße mit Stoff versorgen. Für knapp 1 000 Mark schoß ich mir zu dieser Zeit wieder täglich Gift in die Venen. Aber irgendwie bewußt. Ich wollte die Liebe zerstören.

Mike rief ständig in der Wohnung an und merkte natürlich, was mit mir los war. Ich gab dann auch unumwunden zu, daß ich wieder drückte. Mir fiel es auch nicht schwer, ihn zu verletzen: »Ich habe das Gefühl, das Heroin bedeutet mir mehr als deine Liebe«. Mike legte sofort auf, nahm sich aber trotzdem Sonderurlaub. Er fand mich total fertig vor. Ich lag in der Wohnung im vierten Stock auf unserem Doppelbett schwitzend und fröstelnd. Der Affenschweiß roch nach saurer Milch. Meine Beine waren zerstochen, innerhalb kürzester Zeit hatte ich mich wieder schlimm hingerichtet. Mike riß die Bettdecke zurück, sah dort die Spritzen und fing fürchterlich an zu heulen. »Das kann doch nicht wahr sein«, stammelte er immer wieder. »Ich muß morgen wieder in den Knast, bitte, bitte, hör auf, bitte.« Ich blieb fies. »Mensch, geh weg, faß mich nicht an, du kotzt mich an. Jeder Druck bedeutet mir viel mehr als du.« Das reichte. Er rannte aus der Wohnung. Am nächsten Morgen kam er noch einmal mit ganz dicken Augenrändern vorbei: »Bitte,

bitte, versuche wieder clean zu werden. Ich rufe dich auch hier jeden Tag an.« Das hat er auch gemacht, ich habe aber den Hörer nicht mehr abgenommen.

Fünf Wochen später wurde Mike entlassen. Inzwischen hatte ich ihm noch seine Briefe samt Liebesbekundungen zurückgeschickt. Und das alles in ein großes Poster eingewickelt und mit dickem schwarzem Filzstift versehen. So von wegen, alles Scheiße mit dir. Er kam in die Wohnung, in der ich mit einer anderen Frau breit auf der Couch saß. Ich empfing ihn: »Mike, ich kann dir kein Geld geben, ich brauche mein Geld für die Sucht. Du kannst natürlich erst mal hier bleiben. Ist zwar Mist nur ein Zimmer, aber was solls.« Mike war am Ende. Der rief dann sogar Gerd an und wollte sich Rat von ihm holen. Aber ich blieb eisern: »Mike, du bedeutest mir nichts, du hast keine Chance gegen das Gift, das Gift gibt mir alles, und du gibst mir nichts.«

Irgendwann hörte er dann auch auf zu kämpfen. Ich hatte die Liebe richtig zertrampelt. Mein Hilfsmittel dabei waren die Drogen. In der Herbertstraße fiel es jedoch den anderen Frauen und der Wirtschafterin auch auf, daß ich regelmäßig nach oben ging, um mir einen Druck zu machen. Ich wechselte dann auch vom Haus 1 in den Hinterhof, wo Domenica saß. Dort ging ich mit meiner Infektion sehr bewußt um, habe mit Freiern nichts Sexuelles mehr angefangen, sondern sie nur noch als Domina behandelt. Aber mir reichte das Heroin nicht mehr, und so nahm ich wieder Rohypnol-Tabletten. Zusätzlich zu meinem H-Feeling klinkte ich mir noch zwei Roche ein und schlief natürlich ständig ein. Als ich sogar im Fenster wegknickte und mich die anderen Frauen wach machten, bin ich nach oben. Ich wollte mir einen Druck setzen, damit ich die Augen wieder aufkriege. Doch auf meinem Puffzimmerchen sackte ich vollkommen weg. Unglücklicherweise fand mich die Wirtschafterin mit der Spritze im Arm. Da war natürlich die Herbertstraße auch gelaufen. »Marita, du bist auf der Nadel, wir wollen nicht, daß du hier länger arbeitest, ich kann mir keine tote Frau erlauben im Haus.« War mir auch egal. Schon am nächsten Tag war ich wieder in St. Georg unterwegs.

Auf Drogenjagd im Urlaub

»Das Virus intensiviert das Leben. Normale Sinne wie Fühlen, Hören, Sehen oder Riechen werden verstärkt. Leider fehlt die Zeit, dies bewußt auszukosten. Zeit ist das Wichtigste für mich geworden.«

Auf St. Georg probierte ich es mit einer neuen Taktik. Ich wollte einfach keinen mehr gefährden, hatte Angst, daß vielleicht mal ein Gummi platzt. In den Stundenhotels ließ ich in eine Kaffeetasse entweder zwei Schlaftabletten fallen oder bot ein mit Rohypnol präpariertes Bounty an. Ich biß auf einer Seite genießerisch ab und hielt den Rest mit eingebauter Tablette hin. Das war wie ein symbolischer Kuß, kaum einer lehnte ab. Ich ließ mir das Geld geben und verwickelte den Freier noch in ein Gespräch. Innerhalb einer Viertelstunde schlief er ein, ich verschwand mit der Kohle. Dadurch verscherzte ich es mir aber auch mit den Hotelbesitzern, die immer Ärger mit den schlafenden Freiern hatten. Also mußte ich die Unterkünfte ständig wechseln. Und dabei lernte ich den neunzehnjährigen Alf kennen, der als Wirtschafter in einem neueröffneten Hotel arbeitete.

Er hatte lange blonde Haare, sehr warme Augen, einen kleinen Schnäuzer und ein süßes Lachen. Mit einem Freier im Schlepptau fragte ich vorsichtig an: »Kann ich bei Euch absteigen, habt Ihr ein Zimmer frei für eine Stunde?« »Natürlich«, sagte Alf mit sympathischem Schweizer Akzent.

Ich kam in den nächsten Tagen öfter. Alf und sein Kumpel Jens freuten sich darüber, schließlich bedeutete das Umsatz. Pro Freier kassierten sie 20 Mark für das Zimmer, plus 30 Mark für die Getränke. In diesem Hotel arbeitete ich auch ziemlich korrekt, wollte es mir nicht auch noch verbauen. Daß ich drauf war, kriegten die beiden zunächst überhaupt nicht mit. Ich sah nicht aus wie eine Drogenabhängige. Darauf achtete ich immer, und deshalb wurde ich selbst von Junkies geachtet.

Alf lud mich oft zum Kaffee ein, wir führten stundenlange Gespräche. Es bahnte sich eine richtige Love-Story an, obwohl ich 17 Jahre älter war. Als wir die erste Nacht miteinander verbrachten, bestand ich aber darauf, daß wir ein Kondom benutzten. Ich gab vor, daß ich die Pille vergessen hätte. Ich empfand alles als schön, die Palme im Zimmer, das gedämpfte Licht, den frischen Blumenduft. Nach einigen Tagen zog ich aus meiner Wohnung auf der Reeperbahn aus und zu Alf ins Hotel. Wir hatten eine richtig süße zärtliche Liebe, die ich genoß. Doch wie schon bei Mike verschwieg ich meine Infektion. Auch, als ich meine Pillen-Ausrede nicht mehr aufrechterhalten konnte. Wir schliefen dann ohne Kondom miteinander.

Erschrocken war Alf, als er eines Tages meine Einstichstellen bemerkte. Er wollte partout, daß ich aufhöre. Ihm zuliebe habe ich dann auch einen Entzug gemacht. Alf bettelte mich in dieser Zeit, nicht mehr anschaffen zu gehen, er wollte zusätzlich noch arbeiten und Geld verdienen. Aber mehr als 30 Mark am Tag sprangen nicht raus. Leisten konnten wir uns so fast gar nichts, also ging ich wieder auf den Strich. Und mit dem Geld kam auch wieder das Gift.

Überrascht war ich, als ein Bekannter Alf Kokain anbot. Ich wußte nicht, daß er auf Koks abfuhr. Er bat mich, ob er ein bißchen für Sniefen kaufen könne. »Okay, kauf dir was, ich hole mir Heroin.« Danach müssen wir beide fürchterlich losgemacht haben. Er total aufgedreht durch Koks, ich schmerzunempfindlich durch das Heroin. Jedenfalls merkte ich es nicht, daß mir Alf beim Lieben eine Rippe gebrochen und den Nerv eingeklemmt hatte. Am nächsten Tag konnte ich mich nicht mehr rühren. Mit Blaulicht, Sirene und aufgepumpter Hydraulik kam ich ins Krankenhaus.

Dort sollte ich eine Vollnarkose kriegen, weil ich gleichzeitig auch noch einen Abszeß am Arm hatte. Alf hielt mir die Hand, als sie mir den Venenkatheter in den großen Zeh legten. Ich hatte keine freie Stelle mehr am Körper, war total zerstochen und voller Abszesse. Nicht mal am Hals war noch Platz. Ich hatte meinen Körper zugrunde gerichtet. Diesen Körper, auf den die Männer immer geil waren.

Nachdem ich geschnitten worden war, bekam ich das erste Mal die Ersatzdroge Polamidon. Wahrscheinlich, weil das Krankenhaus überfüllt war. Ich mußte auf dem Gang liegen, bekam dreimal am Tag Pola und je vier Roche. Ich war im Dämmerzustand, wußte nicht, ob Tag oder Nacht war. Ich habe nichts mehr mitgekriegt, selbst Besuche von Alf ignoriert. Und dann schoben sie mich von einer Minute auf die andere in die chirurgische Abteilung, wo ich in der Notbettenaufnahme lag. Dort gab mir der Stationsarzt kein Pola und keine Tabletten mehr. Was folgte, war ein kleiner Pola-Entzug, ein Roche-Entzug und ein Heroin-Entzug. Ich war nahe am Durchdrehen, schrie ununterbrochen. Der Stationsarzt blieb bestialisch. »Von mir bekommen Sie keine Drogen, das können Sie sich abschminken.« Da habe ich mich dann mit meinen kaputten Knochen zur Nachtschwester geschleppt. Ich gab ihr die Nummer von Alf, der mich abholen sollte.

Aus Angst vor dem immer schlimmer werdenden Affen bin ich noch in derselben Nacht mit einem Körperverband wieder anschaffen gegangen. Glücklich mit etwas Heroin zurück, mußten wir umziehen. Alf hatte immer mehr Ärger mit Jens, wir mieteten ein Zimmer im Hotel um die Ecke. Genau nebenan wohnte Mona, ein gutmütiges Wesen. Sie schaffte für mich mit an, weil ich wegen meiner Beine nicht in der Lage war zu laufen.

Wenn Mona ins Hotel kam, klopfte sie immer dreimal gegen die Wand. Dann sprang Alf, der inzwischen Heroin auf Blech rauchte, in die Hosen, holte das Geld und davon bei einem Türken Stoff. Doch Mona konnte kaum noch drücken. Sie war so kaputtgestochen, daß sie sich mit der Nagelschere die Venen freischnitt. Ich setzte ihr deshalb die Drucks in die Füße. Ich paßte allerdings auf, benutzte nur Monas Pumpen, nahm stets eine neue Nadel und brach diese anschließend sofort ab. Insofern kann sich Mona, die inzwischen auch infiziert ist, nicht durch mich angesteckt haben. Das Leben hat ihr Domenica gerettet, die sie 1991 wie manch andere von der Straße aufsammelte und zu sich nach Hause holte.

Weit weniger vorsichtig war ich mit Alf. Wir schliefen weiter ohne Kondom. Ich machte in dieser Hinsicht einen Unterschied zwischen ihm und Freiern, obwohl ich um die Gefahr wußte und durch die Beziehung mit Mike seelisch vorgewarnt war. Für mich hätte es einfach keinen ungeschützten Sex mehr geben dürfen. Wird es auch micht mehr, selbst mit einem anderen Infizierten nicht. Aber nicht nur für Positive ist die Zeit des schutzlosen Sex abgelaufen. Man muß es nur erkennen und danach handeln. Ich tat es damals nicht.

Die Beziehung zu Alf wurde jäh unterbrochen, als auf St. Georg zwei Zivis auf der Straße von mir den Ausweis verlangten. »Ich habe keinen.« »Ja, wie heißen Sie denn?« »Eh, Monika Siebers.« »Und wo kommen Sie her?« »Ich wohne im Dreiländereck, in Brebach, irgendwo an der österreichischen Grenze.« Seltsam, was einem in Bedrängnis so alles einfallen kann. Aber es nutzte mir wenig. »Na, dann kommen Sie mal mit auf die Wache, wir müssen das alles erst einmal nachprüfen.«

Auf dem Revier fanden sie in meiner Handtasche prompt ein Papier mit meinem richtigen Namen. »Wo wohnen Sie denn derzeit, Frau Siebers?« »Im Hotel Lübecker Hof, zusammen mit meinem Halbbruder.« »Na, da schauen wir mal vorbei. Inzwischen werden Sie von unserer Kollegin ein bißchen gefilzt.« Ich wurde in den Nebenraum gebracht und sagte der Beamtin gleich, daß ich AIDS im Endstadium hätte. Sie zog sich sofort Gummihandschuhe über, schaute ungewöhnlich vorsichtig nach, ob ich irgendwo Drogen versteckt hatte. Kaum war sie fertig, kamen die beiden Bullen mit Alf herein. »Tja, Frau Possner, das war ja wohl nichts. Wir haben auch gleich Ihren sogenannten Halbbruder mitgebracht, der Ihnen einige Sachen zurechtgepackt hat.«

Nach dem Abschiedskuß von Alf und einem kurzen Aufenthalt in der Wache folgte die bekannte Tour ins UG. Dort mußte ich gleich zum Haftrichter, der den Haftbefehl bestätigte.

In der Beobachtungszelle schob ich einen Affen vom

Feinsten. Ich kotzte, schrie, hatte Durchfall und Krämpfe. Ich brach mir meine langen Fingernägel ab, vor lauter Angst, daß ich mir nachts wieder meinen ganzen Körper vor Schmerzen zerkratze. Ich knallte mit dem Hinterkopf und mit der Stirn an die Wand. Peng, peng, peng. Das Blut lief mir über das Gesicht. Ich kam mir vor wie auf einer Streckbank, auf der die Knochen langgezogen werden. Selbst die Fußnägel und Haarspitzen taten weh. Ich kriegte Erstickungsanfälle, spuckte Galle und würgte. Ich hatte Rückenschmerzen, dabei das Gefühl, als ob einer mit der Säge am Kreuz zugange ist. Und dann das Stechen, ich spürte irre lange Spieße in meinen Gelenken. Ein Entzug ist etwas Grausames.

Ich war durch ihn so geschwächt, daß ich schnell wieder fünf Kilo abnahm. Dann durfte ich in die Normalzelle und endlich zur Freistunde raus. Nach vier Tagen sollte es wieder nach Heidelberg gehen. Ich bat die Anstaltsleitung, ob Sie mich nicht noch zwei Wochen in Hamburg lassen könnten. Das wurde abgelehnt.

Mitten auf dem Transport bekam ich sehr hohes Fieber. In einem Taxi wurde ich mit Handschellen ins nahegelegene Knastkrankenhaus Kassel gefahren. Ich wurde dort gleich an Infusionsflaschen gehängt. Mein Körper war auf Grund der Infektion und durch die harte Entgiftung total geschwächt. Ich war mit meinem Immunsystem anfällig für jede Krankheit. Innerhalb von zwei Wochen erholte ich mich aber, kam von der Infektionsstation in den Sondertrakt. Dort saß ich jeden Tag am Fenster und tankte Sonne. Ich blühte wieder auf, hatte Freistunde mit den Männern und wurde von denen mit Nettigkeiten und Komplimenten überschüttet. Ich war richtig traurig, daß ich nach zweieinhalb Monaten nach Heidelberg mußte.

Die Beamtinnen kannten mich dort schon und empfingen mich auch dementsprechend. Dort wartete ich noch mal sechs Wochen, dann hatte ich die Gerichtsverhandlung. Kokainhandel wurde mir vorgeworfen, des weiteren sollte ich für die Scheckfälschungen mit Hans im nachhinein abgeurteilt werden. Ich verteidigte mich selbst und muß dabei einen vorzüglichen Eindruck hinterlassen haben. Schauspielerei war schon immer eine meiner leichtesten Übungen. Ich erzählte, daß ich gern ins Polamidon-Programm möchte, ehrenamtlich für die AIDS-Hilfe oder die Drogenberatung arbeiten will. Das Leben mit Drogen hätte ich satt, ich möchte noch einmal von vorn anfangen. Ich bekam eine sensationell niedrige Strafe. 18 Monate auf drei Jahre Bewährung. Ich war überglücklich, konnte ohne Handschellen ins Polizeiauto steigen und mußte nur noch einmal in den Knast, meine persönlichen Sachen abholen. Als ich dort reinkam, grölte ich: »Juhu, ich komme raus.« Ich verschenkte alles, was ich hatte, und wurde zur Pforte mit der Fahrkarte nach Hamburg und 20 Mark Verpflegungsgeld geleitet.

Aus lauter Freude rief ich ganz spontan Hans an. Er lud mich sofort ein. Ich fuhr die halbe Stunde mit dem Zug nach Mannheim und dann mit dem Taxi zur Einweihungsfeier seines Kumpels in eine Gartenkneipe. Auf dem Gang lief vor mir ein Mann mit Seidenanzug, die Haare etwas länger, im Halbprofil erkannte ich auch noch eine Fliege. Er drehte sich um. Hans. Mit einem unmöglichen gezwirbelten Schnurrbart und gestuftem Haar, das zur Seite gefönt war. Das sah richtig ätzend aus, das war nicht der lockere Hans, den ich kannte. Nach kurzer Begrüßung wies ich ihn erst einmal zurecht, daß dieser Stil überhaupt nicht zu ihm passen würde. »Es ist doch nicht alles schön, was teuer ist. Du gehörst in Jeans oder in eine Lederhose. Aber nicht in einen Seidenanzug für 2 000 Mark.« Irgendwie war eine Wand zwischen uns, er stellte mich bei seinen Freunden aber trotzdem ganz nett als seine einstige große Liebe vor. Ich wollte eigentlich noch in der Nacht zurückfahren, doch dazu war ich nach der Feier zu kaputt. Hans bestellte mir ein schönes Zimmer in einem idyllisch gelegenen Hotel. Wäre bei Verliebtheit richtig romantisch gewesen. Hans blieb bis zum Morgen bei mir, wir quatschten die ganze Zeit. Er erzählte mir, daß er immer noch »Geschäfte abwickelt« und Tiffanylampen herstellt. Er sei immer noch ein wenig auf der Nadel. Zum Abschied nahm er mich in den Arm und weinte kurz.

Ich fuhr nach Hamburg. Alf wohnte inzwischen bei

Matthias, einem guten Bekannten. Zu dritt lebten wir dann in der Ein-Zimmer-Wohnung mit Küche und Bad. Alf und ich hatten rechts unser Lager, Matthias wohnte links. Er war bereits jahrelang Stricher, hatte unter anderem einen Professor als Stammkunden, der diese Wohnung auch finanzierte. Ich versuchte, alle ein bißchen zu verwöhnen, ging einkaufen und hielt Ordnung. Wir verstanden uns trotz der Enge gut. Auch Matthias schien froh, daß ich da war. Ein hübscher Bengel, den ich aber noch nie habe lachen sehen. Kein Wunder. Schließlich ging er jeden Tag auf den Männerstrich, obwohl er nicht schwul war. Dafür aber süchtig. Er brauchte das Geld für das Gift.

Ich lebte weiter mit meiner Lüge, erzählte niemandem von meiner Infektion. Das schlechte Gewissen ging nur so weit, daß ich schon verkrampfte, wenn mich Alf anfaßte. Als wir wieder dringend Geld benötigten, drängelte ich ihn, gemeinsam nach St. Georg zu fahren.

Vom ersten erwirtschafteten Geld besorgte ich mir gleich wieder einen Druck. Alf und ich zogen ins VIP-Hotel »Camelot«, wo ich mit Possner die erste Nacht verbracht hatte. Von dem war ich nach elfjähriger Trennung inzwischen geschieden, nachdem ich dazu schriftlich meine Einwilligung gegeben hatte.

Das Hotel war uns auf Dauer mit 160 Mark für die Nacht zu teuer. Wir wanderten in eine billige Absteige. Aus dem Fußboden hätte man eine Rodelbahn machen können, so schräg war der. Aus den Matratzen kamen die Sprungfedern, der Nachtschrank stand auf drei Beinen, der Raum hatte kein Fenster. Schrecklich. Doch ich hatte wieder Riesenglück bei einem Freier. Der kam auf St. Georg mit einem Mercedes angerollt. Als er mich ansprach, roch ich sofort seine Schnapsfahne. Lallend sagte er: »Mädel, ich verwöhn dich, wenn du mich verwöhnst.« Er zeigte mir großkotzig seine Brieftasche, sie war vollgestopft mit Scheinen. Ich stieg zu ihm, und wir fuhren zu einem Hotel. Unterwegs fiel mir auf, wie besoffen der Typ eigentlich war. Ich nutzte das in den folgenden drei Stunden rigoros aus. Mit 6 000 Mark stürmte ich danach in unser Hotel. Ich riß die brüchige Tür auf, Alf lag im Bett, las ein Mickimaus-

Heft. Ich warf die Scheine in die Luft. »Hui, wir fahren nach Spanien. Was hältst du davon?« Oft hatten wir davon schon geträumt.

Drei Tage später flogen wir für drei Wochen in ein 4-Sterne-Hotel nach Mallorca. Vorher hatte ich bei meinem Anwalt noch nachgefragt, ob eventuell wieder ein Haftbefehl gegen mich draußen ist. Er verneinte, Alf und ich kauften uns noch zwei Koffer und einige Sommerklamotten. Im Gepäck befanden sich auch fünf Gramm Heroin, 80 Roche und 120 Kodeinkompretten, die uns den angestrebten Entzug erleichtern sollten. Das Heroin hatten wir bis zum Abflug allerdings schon aufgebraucht.

Nach der Ankunft in Palma de Mallorca zuckelten wir zweieinhalb Stunden mit dem Bus durch die Gegend. Ich nahm aus lauter Langeweile vier Roche. Danach schlief ich ein. Die Schokolade, die ich vorher noch gegessen hatte, lief mir die Mundwinkel runter und tropfte auf mein beiges Kostüm und den weißen Flatterrock. »Marita, reiß dich zusammen. Was ist mit dir los?« fragte Alf. Ich öffnete kurzzeitig die Augen, knickte aber dann wieder seitwärts weg. Kurz vor dem Aussteigen putzte mir Alf noch das Gesicht, beim Gang ins Hotel hielt er mir den Blazer vor den Rock.

Wir hatten im vierten Stock ein wunderschönes Zimmer mit Balkon. Alf wechselte erst mal einen Tausender in spanisches Geld und verzockte das gleich am ersten Abend an einem Spielautomaten. Da war ich sauer. Ich klinkte mir noch zwei Roche ein und pennte wie ein Bär. Als ich am nächsten Morgen aufwachte, war das Bett neben mir leer. Ich schaute auf die Uhr. Kurz nach 11.00, das Frühstück war vorbei. Mist. Ich machte mich zurecht, warf mich in die Jeans, zog Cowboy-Stiefel an und ging nach unten. Dort saß Alf schon wieder am Automaten und spielte mit steinerner Mine. »Und?« »Tut mir leid, ich habe ganz schön verloren.« »Alf, seit gestern haben wir von unseren 5 000 Mark Taschengeld ungefähr 3 000 verspielt, so kann es nicht weitergehen.« »Ja, abgemacht, Ende, aus. Ich spiele nicht mehr.«

Wir kauften uns eine gelbe schwimmbare Plastikbombe für das Geld. Danach sonnte ich mich am Strand, Alf ging im Meer schwimmen. Nach einer Viertelstunde kam er gutgelaunt aus dem Wasser. Ich guckte ihn an, ich dachte, mich trifft der Schlag. Da hing nur noch die halbe Geldbombe an der Kordel. »Alf willst du mich jetzt verarschen, oder hast du wirklich das ganze Geld verloren? Du hast doch nicht die restlichen 2 000 Mark und die Peseten da drin gehabt?« »Doch.« Und die Wellen peitschten. Unmöglich, da noch etwas wiederzufinden, obwohl wir es dennoch eine Stunde lang versuchten. Unsere eiserne Reserve bestand jetzt nur noch aus 350 Mark in meinem Portemonnaie. Damit sollten wir nun zweieinhalb Wochen leben. Ich war total abgetörnt.

Ich bin zum Hotelchef, Alf hatte ich bereits vorher wegen eventueller Gerüchte als Sohn aus erster Ehe ausgegeben. »Ja, haben Sie denn keine Euroschecks oder Kreditkarten?« »Nein.« Ich konnte ja nicht sagen, daß ich Sozialhilfeempfänger oder Hure bin. »Wir kommen mit den 350 Mark auf keinen Fall hin.« »Da müssen Sie sich Geld schicken lassen von Deutschland.« Ich rief sofort Ralf an und flehte ihn an wegen 500 Mark. Er moserte anfangs rum, ob ich alles verdrückt hätte, aber dann ließ er sich doch die Adresse vom Hotel geben.

Nach drei Tagen war das Geld aber immer noch nicht da. Dafür sämtliche Kodeintabletten und weitere 300 Mark aufgebraucht. Wir waren allmählich affig. Für die verbliebenen fünfzig Mark kauften wir in mehreren Apotheken Kodein. Das half uns zwar ein bißchen weiter, aber da wir die Dosierung auf Grund der begrenzten Menge sehr niedrig halten mußten, fühlten wir uns trotzdem ziemlich schlecht. Ich rief noch einmal auf Rechnung bei Ralf an. »Da ist was schiefgelaufen, ich habe das wieder zurückgekriegt, ich muß mir die falsche Nummer aufgeschrieben haben. Gib mir das noch mal alles durch.« Es war nicht zu fassen. Jetzt hatten wir gar nichts mehr, nicht mal Geld für Tabletten. Mit Romantik war in diesem Urlaub nichts, es ging ums Überleben.

Aus lauter Verzweiflung sprach ich ein Ehepaar an, mit dem wir uns ganz gut verstanden. Ich erzählte unser Dilemma und daß wir dringend Bargeld für Medikamente brauchten. Zigaretten und Verzehr ließen wir im Hotel alles auf Rechnung schreiben. Die halfen uns dann auch mit 70 Mark aus. Wir konnten uns wenigstens Kodeintabletten kaufen.

Krampfweise ging es weiter. Morgens sind wir schon mit einem langen Gesicht aufgewacht. Alf und ich wechselten uns beim Besorgen der Kodeinkompretten ab. Wir stritten uns nur noch. Wir mußten im Hotel bleiben, konnten nicht mehr weggehen. Nicht mal mehr zu einer Currywurst oder zu einem Eis am Strand reichte es. Es war grauenhaft. Bis dann eine Woche vor Urlaubsende endlich das Geld eintraf. Wir wollten erst einmal die schlimmsten Schulden bezahlen. Allerdings sollte die Hotelrechnung 686 Mark kosten. 500 hatten wir aber nur überwiesen bekommen. Ich erzählte auch dem Reisebüro unseren Fall, bat es, unsere Kosten erst einmal zu übernehmen. Es war so was von peinlich.

Als wir endlich wieder in Hamburg ankamen, waren wir das erste Mal seit drei Wochen zufrieden. Es sollte eine so schöne Reise sein. Ich wollte mir noch mal genießerisch das Meer anschauen, weil ich ja nicht wußte, ob ich es noch einmal wiedersehe. Ganz bewußt hatte ich mir das vorgenommen.

Das Virus intensiviert das Leben. Normale Sinne wie Fühlen, Hören, Sehen oder Riechen werden verstärkt. Genauso wie ein Urlaub ganz anders als früher wahrgenommen wird, kann das auch schon bei einem Becher Joghurt oder einem guten Buch passieren.

Nur leider fehlt die Zeit, man will manchmal zuviel gleichzeitig aufsaugen. Zeit gehört zum Wichtigsten im Leben. Weil sie begrenzt ist. Für uns AIDS-Kranke ohnehin. Ich kann deshalb nicht verstehen, wie sinnlos manche Menschen ihre Jahre verbringen. Da wird nur geackert, ist der Blick auf die Karriereleiter gerichtet. Aber wird auch gelebt?

Mir wurde Zeit durch die Drogensucht gestohlen, die immer wieder den Alltag im Takt des Drucks bestimmte. Auf Mallorca waren wir soweit, daß wir für Drogen eine Bank ausrauben wollten. Schlimm.

Kaum wieder in Hamburg, haben wir uns erst mal

vom wenigen Geld, was noch auf dem Konto war, Stoff geholt. Am Abend wollte ich mir auf St. Pauli zusätzlich einen Aufsteher besorgen, da wurde ich erneut verhaftet. Wieder folgte der Abtransport ins UG. Diesmal war ich wegen einer Rollexuhr im Wert von 12 000 Mark dran, die ich kurz vor dem Abflug nach Mallorca einem Schweden geklaut hatte, und wegen mehrerer anderer Freier, die durch mich unfreiwillig lange geschlafen hatten.

Im UG wurde ich nach einer ärztlichen Untersuchung jedoch sofort auf die Krankenstation verlegt. Bereits während der letzten Urlaubstage auf Mallorca hatte ich mehrere spontane Blutungen gehabt. Nur vom Anfassen an den Arm bekam ich bereits richtige schwarze Flecken. Mein Hals sah wie ein einziger großer Knutschfleck aus. Überall Blutergüsse. Ich spuckte Blut, auf der Toilette floß Blut, ich schmeckte nur noch Blut. Das Blut war dünner als Wasser, es floß durch die Gefäße in das Gewebe meines Körpers.

Berührung mit dem Tod

»Ganz allein möchte ich nicht sterben. Auch wenn ich keine Angst davor habe. Doch jemand, der mir nahesteht, soll meine Hand halten. Auf den Tod bin ich vorbereitet. Ich lebe seit Jahren mit ihm. Schließlich war jeder Druck auch ein kleiner Tod.«

Thrombozytopenie nennt sich das. Blutgerinnungsmangel. Eine Folge meiner AIDS-Infektion. Frau Dr. Karsten, die Stationsärztin im UG, stellte die Diagnose. Und sie veranlaßte, daß ich sofort in das Universitätsklinikum Eppendorf (UKE) kam, wo eine Beckenknochenmarkpunktion vorgenommen werden sollte. »Da können wir feststellen, wieviel HIV-Viren sich schon im Knochenmark befinden. Denn dort werden die Thrombozyten, die Blutplättchen, gebildet, die für die Blutgerinnung zuständig sind.«

Mit Handschellen, zwei Bullen und einem Pfleger in Begleitung wurde ich ins UKE gebracht. Ich war zwar immer noch schön braun vom Urlaub, sah aber trotzdem krank aus. Der nette Professor machte mir Angst. »Ich kann Ihnen leider nicht die Knochenhaut betäuben. Ich muß den Beckenknochen durchstoßen und an das Knochenmark ran. Ich werde Ihnen ein Stück Fleisch aus der Hüfte stanzen und danach diese Hohlnadel nehmen. Das wird sehr weh tun. Wenn ich jetzt reingehe, dann schreien Sie ruhig.« Und wie ich schrie.

Ich habe mir vor Schmerz die Hand blutig gebissen, als er die kleinen grünen Flocken des Knochenmarks durch die Nadel zog. Es war wie beim Zahnarzt, wenn er den Nerv berührt. Nur viel schlimmer. Ich habe jedenfalls noch niemals in meinem Leben so gebrüllt.

Nach dem Mittag sollte ich das Ergebnis durch die Ärztin erfahren. Ich habe gezittert. In der Zelle lief ich auf und ab, obwohl mir alles weh tat. Dreimal drückte ich auf die Klingel und fragte, ob das Ergebnis schon da sei. Endlich ging die Zellentür auf, und Frau Dr. Karsten kam mit fünf anderen Ärzten herein. »Frau Possner, Sie müssen jetzt die Nerven behalten. Ich muß Ihnen leider mitteilen, daß wir bei Ihnen HIV-Viren im Knochenmark gefunden haben. Das bedeutet, daß die jetzt Ihre Blutplättchen auffressen, und zwar so schnell, daß diese gar nicht mehr nachgebildet werden können. Mit anderen Worten, Sie sind zum Bluter geworden. Wir können dagegen nichts unternehmen. Wir können Ihnen kein Serum geben, das Ihr Blut dick macht, das gibt es nicht. Wir können zwar Ihr Blut stillen, wenn Sie sich verletzen. Aber das ist gefährlich. Es können auch spontane Blutungen auftreten, Gehirnblutungen, innerliche Blutungen, die Sie gar nicht merken.« Pause. »Ich setze alles daran, daß Sie Haftverschonung kriegen, Sie kommen sofort hier raus. Ich kann es nicht verantworten, Sie länger in Haft zu behalten. Denn Sie werden nur noch zwischen sechs und fünfzehn Monaten zu leben haben.« Wieder Stille. Das endgültige Todesurteil, diesmal mit Zeitangabe. Ich fand es so gemein von ihr, mir das zu sagen.

Ich bekam noch am selben Tag Haftverschonung. Einerseits war ich froh, andererseits bestürzt über diese Nachricht vom nahen Tod. Das hörte sich so endgültig, unwiderruflich an.

Ich hatte die Auflage, mich sofort ins Tropeninstitut zu begeben und dort so lange zu bleiben, bis die Ärzte mich entlassen. Meine Strafe war aufgehoben, weil sie ohnehin damit rechnen mußten, daß ich das Ende nicht mehr erlebe. Ins Tropeninstitut kutschierte mich der Pastor. Ich mußte zwei Treppen hochgehen, in der einen Hand eine große Mülltüte, in der anderen einen Pappkarton, jeweils mit Klamotten gefüllt. Dann stand ich vor einer Pendelglastür, Station C. Die stieß ich auf, und plötzlich stand ich in einem langen Raum. Links nur Türen von Krankenzimmern, rechts eine Raucherecke, in der mehrere Männer saßen und qualmten. »Hallo, ich bin die Neue hier, wo muß ich mich denn melden?« Mir wurde das Schwesternzimmer gezeigt, wo ich meine Überweisungspapiere abgab. Der Arzt, später nur Prinz Eisenherz oder das Pferd genannt, kam. Eigentlich Ma-

laria-Spezialist, unklar, was er auf der AIDS-Station zu suchen hatte. Er hatte einen roten Pagenkopf, war lang und dünn, hatte schmale Schultern und breite Hüften. Seine Hosen hatten einen völlig unmodernen weiten Schlag und waren dazu noch auf Hochwasser eingestellt. Das karierte Hemd war nicht viel moderner. »Sie sind ja jetzt aus dem Gefängnis hier zu uns gekommen. Ich muß Ihnen gleich sagen, es sieht folgendermaßen aus: Wir haben ja die Führungsaufsicht, was Sie angeht. Sie dürfen also auf keinen Fall diese Pendeltür da draußen durchschreiten, das ist Ihre Grenze, Sie dürfen sich nur hier auf Station C aufhalten. Sie werden in einem Drei-Bett-Zimmer liegen, Besuch ist nicht erlaubt.« »Aber, Moment mal Doktor, ich bin doch hier nicht im Gefängnis, ich bin doch in einem Krankenhaus.« »Über den Besuch können wir vielleicht noch einmal reden. Aber Sie müssen verstehen, Sie haben mit Drogen zu tun gehabt. Wir haben kein Interesse, daß Sie wieder rückfällig werden.« »Herr Doktor, ich möchte Sie bitte darauf aufmerksam machen, daß ich anschließend nicht wieder ins Gefängnis zurückgehe. Wenn ich hier entlassen werde, bin ich wieder ein freier Mensch. Ich wurde nicht verurteilt. Sie brauchen also bei mir keine strafverschärfenden Methoden einzuführen.« »Sie halten sich an das, was ich sage. Was für Krankheiten hatten Sie bisher? Hatten Sie Syphilis, hatten Sie Tripper oder Trichonomaden?« »Nein, nein, nein.« »Eigentlich müßten wir Sie ja auf Geschlechtskrankheiten untersuchen lassen. Sie haben doch angeschafft.« »Ich habe noch nie im Leben eine Geschlechtskrankheit gehabt.« »Naja. Übrigens, Frau Possner, ist das hier nicht nur die AIDS-Station, sondern wir haben auch Malaria-Fälle und andere Tropenkrankheiten hier. Sie liegen also mit einem jungen Mädchen zusammen, das Malaria hat, und einer älteren Dame, die eben auch nicht HIV-positiv ist. Insofern sind Sie die einzige.«

Er brachte mich ins Zimmer. Vorn am Fenster war eine ganz nette Studentin, in der Mitte lag eine Dame um die 50. Es gab bald Abendbrot. Endlich kein Knastbrot, nicht mehr diese alte fette Knastwurst und eine Dose Fisch. Ich habe das richtig genossen, nach diesen

Wochen mal wieder ein vernünftiges Essen. Das war das Schönste für mich, zum Frühstück beispielsweise drei Brötchen, zwei Toast, einen Sahnejoghurt, Müsli, eine Banane, Cornflakes, ein Kännchen Schokolade, einen Becher Orangensaft, ein Glas Milch und ein gekochtes Ei. Toll.

Ich erholte mich durch das Essen auch wieder ganz gut, lernte aber auf der Station das erste Mal so richtig schwere Fälle kennen. Im Nebenzimmer lag ein junger Mann, früher drogenabhängig, inzwischen mit Pola versorgt. Er war schon sehr sehr krank, hatte ganz wenige T-Vier-Zellen, die das Abwehrsystem im Körper bestimmen. An ihm nagte auch schon die Toxoplasmose, vor der ich so große Angst habe. Die löst Krampfanfälle aus, zerstört gewisse Teile des Gehirns. Später bekam er noch einen Port, einen Venenkatheter, einoperiert. Durch den können sofort Spritzen und Infusionen verabreicht werden.

Etwas Freude gab es eigentlich nur in der Raucherecke, wo wir uns tagsüber immer trafen. Für Spaß sorgte vor allem ein langhaariger Schwuler. In der Nacht vor einer Rektoskopie hatte er trotz des ausdrücklichen Eßverbots Süßigkeiten gefuttert. Wir saßen gerade bei Kaffee und Kuchen, als er von der Gewebeprobe zurückkam. Die Glastür sprang auf, und er schlich mit seinem Nachthemd auf die Station. Er stöhnte: »Oh, oh, oh.« Ich schaute ihn von oben bis unten an und mußte plötzlich loslachen. Mit einer Hand hielt er einen ganzen Packen Pampers-Windeln am Hintern fest. Er wollte sich zu uns an den Tisch setzen und erzählen, wie der Arzt in seinem Darm gewühlt hatte. »Nein, danke.« Einen Tag später verlangte der Doktor von ihm eine Urinprobe. Weil er dabei Probleme hatte, sollte er den Wasserhahn laufen lassen. Wir saßen wieder in unserer Ecke, plötzlich plätscherte das Wasser in den Flur. Er hatte im Badezimmer den Wasserhahn voll aufgedreht, den Stöpsel aber im Becken gelassen. Und er saß im Klo um die Ecke mit seiner Pißente und wartete, daß er pinkeln kann.

Aber Lachen bedeutete auf der Station natürlich die große Ausnahme. Irgendwie war auch jeder mit sich selbst beschäftigt. Ich machte eine Kortisonkur, die meine Thrombozyten erhöhen sollte. Doch dadurch wurde das Wasser im Körper angezogen, ich bekam ein richtiges Apfelgesicht. Und meine spontanen Blutungen hörten nicht auf. Die verstärkten meine zeitweiligen Depressionen. Die Voraussage ging mir nicht aus dem Kopf, daß ich nur noch eine Lebenserwartung zwischen sechs und fünfzehn Monaten hatte.

Dann mußte mein Arm aufgeschnitten werden, weil sich wieder ein Abszeß gebildet hatte. Ich wurde ins Hafenkrankenhaus geschickt. Das war das erste Mal, daß ich durch die Glastür gehen durfte. Ich mußte auch unterschreiben, daß ich wiederkomme, und bin die 300 Meter zu Fuß rüber. Es war Februar, überall lag Schnee. Ich kam gleich dran, der Chirurg hatte eine widerliche Schnapsfahne. »Was haben Sie denn da, ach, das sieht ja gut aus, da lohnt es sich ja zu schneiden, so schön fett und prall.« Sie legten mich auf eine Trage, sprühten Eisspray auf den Arm, und er nahm das Skalpell in die Hand. Doch er rutschte ab, die Narbe habe ich immer noch. Beim zweiten Versuch klappte es zum Glück. Danach wickelte er mir einen ganz normalen Verband, drückte mir die Akte in die Hand und sagte: »Na, dann laufen Sie mal wieder rüber.«

Das konnte ich nicht glauben. Mir war immer noch ganz schlecht. Jetzt sollte ich wirklich mit Thrombozytopenie zu Fuß laufen. Einmal ausrutschen konnte Tod oder Klapsmühle bedeuten. Ich lief ganz langsam und vorsichtig, mit einen Mal spürte ich, wie es mir warm den Arm runterlief. Blut. Ich hinterließ im Schnee eine richtige Spur. Ich kriegte Panik, krempelte schnell den Mantel nach oben. Aber es lief und lief. Vor lauter Schwäche konnte ich im Tropeninstitut gerade noch die Glastür aufmachen. Ich schwankte, fiel nach vorn, wurde aber aufgefangen. Zweieinhalb Liter Blut hatte ich auf dem Weg verloren. Drei Ärzte und zwei Schwestern kümmerten sich um mich, versorgten mich ganz schnell mit frischem Blut. Im Hintergrund hörte ich am Telefon lautes Geschrei …

Ich war erst mal wieder ans Bett gefesselt, sah lediglich noch die Rollstuhlfahrer an unserem Zimmer vorbeifahren. Mit einem von ihnen, Kay, hatte ich mich angefreundet. Als ich wieder aufstehen konnte, habe ich ihn gleich besucht. Er lag im Sterbezimmer. Er war schwul und ein wunderhübscher Junge. Alle hatten ihn hängen lassen, nur sein Vater traute sich ins Zimmer. Aber nicht weiter als bis zum Schrank. Kay hatte auch Toxoplasmose, war an beiden Beinen und am linken Arm gelähmt. Das linke Auge war blind, Pilze wuchsen um die Lippen und den Mund. Die waren richtig weiß, die ganze Zunge war damit übersät. Und die Pilze breiteten sich auch schon in der Luftröhre aus, sodaß er nur noch röcheln konnte. Oft phantasierte Kay, dann schaute er wieder stundenlang ins Leere und weinte. Ohne Schluchzen, aber todtraurig. Ich saß oft bei ihm. Wenn er rauchen wollte, führte ich ihm die Zigarette zum Mund. Ich streichelte ihn und nahm seine Hand, in der noch ein bißchen Gefühl war. Es machte ihm Freude, wenn ich seine Fingernägel rot lackierte, ich schnitt seine eingerollten Fußnägel ab und cremte seinen Körper ein. Als ich den Katheter-Schlauch an seinem Piepmann wegen des Druckschmerzes ein bißchen anders legte, sagte er: »Guck mal, was für dünne Schenkel ich kriege. Wie sehe ich nur aus? Aber mich braucht ja auch nie mehr jemand anzugucken.« Ich fand das so traurig, daß das Personal auch keine Zeit hatte. Die hatten ihn eh abgeschrieben. Das einzige, was sie taten, sie ernährten ihn künstlich. Daß sie seine Zehnägel nicht schnitten, die schon ins Fleisch hineinwuchsen, fand ich eine Schweinerei.

Kay faßte immer mehr Vertrauen zu mir. »Wenn ich tot bin, kannst du dich dann um meinen Hund kümmern? Er soll nicht ins Tierheim.« »Ja, wo ist er denn jetzt?« »Bei einem Freund, aber der kommt ja auch nicht. Der hat ja auch Angst vor mir, die haben ja alle Angst vor mir.« Und Stunden später erzählte er mir im Fieberwahn: »Ich weiß jetzt, was ich habe. Ich habe da so einen kleinen gelben Wurm mit grünen Streifen, und der frißt mir alles kaputt. Ab und zu geht der Wurm auch tiefer, das merke ich, das spüre ich. Ich habe das Gefühl, der vermehrt sich. Der ist auch schon in den Beinen.«

Am Mittag des anderen Tages flehte er mich an: »Marita, tust du mir einen Gefallen? Kommst du heute abend zu mir?« »Du mußt doch schlafen, Kay.« »Bitte, komm heute abend zu mir. Bitte, bitte, bitte. Der Wurm, der Wurm kommt.« Ich sprach mit der Schwester, die mir die Erlaubnis erteilte. »Es könnte sein, daß er heute stirbt. Verkraftest du das, Marita?« »Ich habe noch keinen sterben sehen, ist das denn schlimm?« »Es könnte schlimm werden. Sollte er nach Luft schnappen, dann komm gleich raus und hole den Arzt.«

Um 21.00 Uhr war ich bei Kay. Ich setzte mich auf einen Stuhl neben sein Bett. Er flüsterte immer wieder meinen Namen und bat mich, seine Hand zu nehmen. Er umklammerte sie richtig. »Jetzt kommt der Wurm, ich spüre ihn schon, er kommt, er kommt.« Ich schaute ihn an. »Marita, ich habe es heute geschafft.« »Kay, wie kommst du darauf?« »Doch, ich habe es heute geschafft.« Selig schaute er aus. Und mit einem Mal hat er mir wehgetan, er drückte ganz doll. Er schnappte nach Luft, hat ausgeatmet, sich kurz aufgerichtet und ist nach hinten gefallen. Kay lächelte. Es muß ein schöner Tod gewesen sein. Es war kurz nach halb elf.

Wenn ich sterbe, wünsche ich mir auch, daß zumindest einer meine Hand hält, zu dem ich ein engeres Verhältnis habe. Ganz allein möchte ich nicht sterben. Angst vor Qualen habe ich dabei, aber nicht vor dem Tod. Er gehört schon seit Jahren zu mir. Nicht erst, seitdem ich das positive Ergebnis kenne, sondern seit ich Drogen nehme. Schließlich war jeder Schuß ein kleiner Tod. Und ich bereite mich auf ihn vor. Der Friedhof ist einer meiner Lieblingsplätze. Schon immer gewesen. Wenn die anderen Teenies in die Disco gerannt sind, habe ich die Ruhe des Friedhofs gesucht. Daran hat sich nichts geändert. Auch heute verbringe ich noch viele Stunden dort, genieße die beruhigende Stille. Obwohl ich weiß, daß ich keine Erdbestattung bekomme. AIDS-Tote müssen verbrannt werden. Wahrscheinlich besteht die Angst, daß wir das Grundwasser verseuchen. Aber die Verbrennung stört mich nicht. Ich glaube an Seelenwanderung.

Der Tod von Kay beschäftigte mich. Hätte ich ihm

früher auch die Hand gehalten, als ich noch nicht dieses Virus in mir hatte? Es hat mich doch schon ganz schön verändert. Ich bin viel tiefgründiger geworden, beurteile die Menschen ausschließlich nur noch danach, was sie denken, fühlen und wie sie handeln. Ich bin nicht mehr diese oberflächliche, arrogante Gans, die nur auf Aussehen und Geld achtet. Das Virus hat mich menschlicher und damit mein Leben viel lebenswerter gemacht. Dafür bin ich ihm dankbar.

Nach zweieinhalb Monaten wurde ich aus dem Krankenhaus verabschiedet. Besuche hatte ich kaum. Nach der Entlassung bin ich mit Sack und Pack ins Café »Treff« marschiert. Ich wußte nicht wohin, ich hatte kein Dach mehr über dem Kopf. Dort traf ich einen Bekannten von Mike, der mir etwas Geld gab. Davon konnte ich mir erst mal ein Hotel leisten. Und nach langer Zeit wieder einen Druck.

Alf kam am anderen Tag von seiner Mutter aus Österreich. Ich mußte auf dem Straßenstrich wieder anfangen zu arbeiten. Aber es lief nicht allzu gut, zumal ich vom Geld Alf und mich versorgen mußte. Nach einigen Tagen wurden wir wegen Mietschulden aus dem Zimmer geschmissen. Das Gift ging eben vor.

Alf hatte inzwischen zwei Dealerinnen kennengelernt. Die 19jährige Sabine bot uns an, bei ihr einzuziehen. In eine dreckige Junkie-Wohnung mit einem total verlausten Pudelmischling. In dem einen Zimmer lagen bestimmt 100 Pumpen unterm Teppich, Barfußgehen war unmöglich. Die Wände waren blutbespritzt, überall standen Blutwassergläser, und Tempo-Tücher lagen herum. Ein Typ benutzte die Wohnung zum Dealen, jeden Tag kamen 50 bis 100 Junkies in die Hütte. Alf und ich lebten richtig asozial. Ich habe nachts immer geackert, Geld rangeschafft und bei dem Dealer eingekauft. Und während ich auf St. Georg war, hat ein Weib den Alf angefixt. Der hatte geilen Stoff ergattert, und die Mädchen waren heiß auf den. Er sagte aber, daß der nur für ihn reicht. Da bequatschten sie ihn so lange, wie geil ein Druck sei, daß er sich überreden ließ zum Sniefen. Das erzählte er mir morgens, als ich nach Hause kam. Ich drehte durch. Ich schnappte mir die Alte, eine rothaarige Zigeunerin, griff ihre Haare und schlug den Kopf immer wieder vor mein Knie. »Du verdammte Sau, was erlaubst du dir, diesen jungen Typ anzufixen? Über ein Jahr bin ich mit ihm zusammen. Es ist schon genug, daß der Blech raucht, und du Sau stößt ihm die Nadel rein. Das hätte ich schon 10 000mal haben können.« Ich schlug sie zusammen, daß sie kaum noch laufen konnte.

Ich wollte sofort aus der Wohnung raus und bin auch mit Alf bei einer Dealerin namens Sylvia untergekommen. Die wohnte nur eine Straßenecke weiter. Dort ging dann die Beziehung mit Alf endgültig zu Ende. Ich hatte eine goldene Feuerzeugkette, die rund 2 000 Mark wert war. Nachdem wir unser ganzes Geld zu dritt für Gift verbraten hatten, bat ich Alf, die Kette ins Pfandhaus zu bringen. Er kam zurück, wollte mir weismachen, daß sie unecht war und es deshalb nur 120 Mark gegeben hätte. »Zeige mir doch mal den Pfandschein.« »Den habe ich verloren.« Ich glaubte ihm aber nicht. Durch Zufall hatte Alf beim Fixen seine Jeans bekleckert, sie ausgewaschen und ins Badezimmer gehängt. Ich faßte da rein und fand den Pfandschein, mit 850 Mark ausgewiesen. Da packte ich ganz locker meine Sachen, die beiden hingen breit in den Sesseln und kriegten gar nichts mit. »So, ihr Lieben, so, lieber Alf. Den Pfandschein habe ich dir wieder in die Hosentasche gesteckt, ich gehe nämlich jetzt. Ich hoffe, du hast noch Geld übrig für eine Fahrkarte nach Österreich. Falls nicht, hier hast du noch 140 Mark. Fahre mal wieder zu deiner Mama zurück, ich lasse mich von dir nicht verarschen.« Weg war ich.

Die Sucht hatte die gegenseitige Achtung vertrieben. Außerdem war ich noch nie ein Mensch, der sich unterordnen kann. Ich bin eine Häuptlingsnatur. Auch daran ist diese Liebe wie alle anderen gescheitert. Aber vor allem an der Gier nach Drogen. Der Tag besteht nur aus dem Zwang, Geld und Heroin zu besorgen. Denn der Affe wartet. Ein Junkie denkt nur von Druck zu Druck. Alles andere ist ihm egal. Dafür lebt er. Gefühle bleiben da auf der Strecke.

Ich kenne ein 20jähriges Mädchen, dem bei einem

Unfall beide Arme abgefahren wurden. Sie ist zusätzlich noch AIDS-infiziert. Das einzige, was sie am Leben hält, ist Heroin. Dafür steht sie morgens auf, dafür geht sie auf die Straße. Um das Geld für ihre Sucht aufzutreiben, geht sie anschaffen. Schlimm natürlich, daß es noch Freier gibt, die auf so ein hilfloses Wrack abfahren. Und oft warten sie ja so lange, bis der Affe den Preis diktiert. Bei Freiern siegt der Trieb über die Menschenwürde. Allein um das zu unterbinden, bin ich dafür, daß es Drogen auf Rezept gibt.

Ein Jahr nach unserer Trennung starb Alf übrigens an einer Überdosis ...

Abstieg in die Gosse

»Das Leben ist leichter, wenn man sich nicht zu seiner Krankheit bekennt. Sonst wird man plötzlich zum Nichtstun verdammt und abgekapselt. Einsamkeit ist die Folge. Und das ist das Schlimmste an AIDS.«

Nach der Enttäuschung mit Alf gab ich erneut mächtig Gas mit Drogen und zog gleichzeitig auch wieder einige Freier auf unschöne Art und Weise ab. Doch nicht lange, da wurde ich wieder krank. Zu allem Unglück ließ mich auch mein Dealer im Stich. Die ganze Nacht wartete ich, aber er kam nicht. Ich konnte nicht mehr laufen, nur noch krabbeln. Affig wie ich war, fiel mir ein, daß ich noch eine Flasche Valorontropfen N hatte. Ich trank sie auf Ex und bekam sofort tierische Krämpfe. Ich dachte, mir zerreißt es den Leib. Unten und oben kam es gleichzeitig raus, ich schrie um Hilfe. Mein Bein war dick wie bei einem Elefanten. Die Hotelchefin rief sofort den Rettungswagen, der mich ins Hafenkrankenhaus brachte. Dort stellten sie eine Vergiftung fest. Ich bettelte: »Bringt mich ins Tropeninstitut, ich habe AIDS, die kennen mich da.«

Im Tropeninstitut schob ich einen Affen in drei Richtungen: Tabletten, Koks und Heroin. Selbst Anabolspritzen und Barbiturate vermochten nicht, mich ruhig zu stellen. Ich bekam Angstzustände und Wahnvorstellungen. Als die Schwestern ins Zimmer kamen, schrie ich, weil ich dachte, sie wollten mich umbringen. Ich nahm die leeren Spritzen von meinem Nachtschrank und hackte damit in meinen Körper. In der Duschwanne habe ich wie Espenlaub gezittert. Ich raste splitternackt raus, weil ich den Professor an der Heizung hängen sah. Abgeschnittene blutige Hundeschnauzen flogen pfeifend auf mich zu. Ich verlor die Gewalt über mich und fiel mit meinen langen Fingernägeln die Schwestern an. Das Personal versuchte mich daraufhin zu packen und in eine Zwangsjacke zu stecken. Ich entwischte auf das Fensterbrett und wollte mich nach unten stürzen. Der Stationsarzt und zwei kräftige Pfleger rissen mich weg und gaben mir eine Ohrfeige. Ich kriegte einen Heulkrampf. Die Schwester brachte mich raus. Ihr erzählte ich von diesen abgehackten blutenden Hundeschnauzen, von den toten Ärzten unter den Betten, vom Professor, der an der Heizung hing. »Haben Sie das etwa nicht gesehen?« »Nein.« Ich wurde wieder hysterisch. Ich kratzte sie mit meinen langen roten blutverschmierten Nägeln. Ein Arzt kam und schlug mich k.o.

Als ich aufwachte, war ich total gefesselt, mit Lederriemen an Händen und Füßen. Ich konnte mich nicht mehr bewegen. Mehrere Ärzte standen im Zimmer. »Hängt der Professor noch an der Heizung?« Die Ärzte tuschelten, nahmen den Pfleger zur Seite, und der kam mit einem Glas Orangensaft. Ich erhielt Polamidon. Und nach einer Stunde ging es mir blendend. Ich fragte: »Wieso können Sie mich denn nicht losbinden?« »Erst mal die Visite abwarten. Und dann schneiden wir mal die Fingernägel.« Dabei erzählte mir der Pfleger, daß ich die Schwester zweimal angefallen hatte. Daran erinnerte ich mich nicht mehr. Ich entschuldigte mich bei ihr, denn das hätte gefährlich für sie werden können.

Als ich entfesselt und in ein anderes Zimmer verlegt worden war, lernte ich ein junges Mädchen kennen. Sie war so offen in ihrer Art, erzählte mir ihr ganzes Leben, ohne sich dabei selbst zu schonen. Das gefiel mir. Ich hatte plötzlich das Gefühl, mich schämen zu müssen, wenn ich ihr nicht die Wahrheit über mich berichtet hätte. Und so beichtete ich ihr, daß ich AIDS hatte. Sie tat ganz verwundert, daß ich es bisher so geheimgehalten hatte. »Deine Krankheit ist doch kein Verbrechen. Entweder deine Freunde haben dich mit ihr noch genauso gern wie vorher, oder sie sind es nicht wert, daß du sie überhaupt kennst.« Sie war so gutgläubig und schaffte es, daß ich noch am selben Abend Gerd anrief.

Es war ein Spätsommertag 1990. Gerd war bombig

gelaunt, als ich mich meldete. Ich wollte es einfach loswerden, ich konnte nicht mehr mit dieser ständigen Lüge weiterleben. Nach allgemeinen Nettigkeiten unterbrach ich Gerd. »Du, ich muß dir etwas sagen. Etwas Wichtiges.« »Na, rück schon raus, wird ja nicht so wild sein.« »Ich habe AIDS.« »Was hast du?« »Ich habe AIDS.« Ich hörte das Schlucken, konnte aber selbst auch nichts mehr sagen. Sabine, das junge Mädel, nahm mir den Hörer aus der Hand. Ich war froh, daß die Lüge von Blutkrebs ein Ende hatte, Schluß war mit der Geheimniskrämerei.

Zwei Tage später war ich dann bei Gerd. Er hatte sich mit Wodka vollgeschüttet. AIDS war ja für ihn auch der Horror, weil es mit dem Tod verbunden ist. Und er gab zu, daß er sich auch nie mit dem Thema beschäftigt hatte. Ich versuchte, ihn ein bißchen aufzuklären, brachte ihm zwei kleinere Broschüren mit, erklärte ihm, daß man eine gemeinsame Toilette benutzen kann, daß man sogar aus einem Glas trinken kann. Daß also der tägliche Umgang mit Infizierten überhaupt nicht gefährlich ist.

Wir fuhren dann für zwei Tage an die Nordsee. Vorher meldete ich mich aber noch in der Drogenambulanz, damit ich substituiert werde, also eine Ersatzdroge kriege. Ich bekam gleich zwei Flaschen Pola für die Nordsee mit. Das hat mir unheimlich gut getan, natürlich drehte sich dort alles um das Thema AIDS. Ich gab mir viel Mühe, Gerd und seine Frau sowie ein befreundetes Ehepaar nicht in komplizierte Situationen zu bringen. Ich vermied, bei der Begrüßung die Hand zu geben, wusch meine Kaffeetasse selbst ab.

Berührungsängste waren natürlich da. Die kenne ich ja auch von offiziellen Stellen. Seit die bei der Sozialhilfe wissen, daß ich infiziert bin, kann ich den Kugelschreiber nach der Unterschrift immer behalten. Wenn ich ehrlich bin, ist das Leben leichter, wenn man sich nicht zu seiner Krankheit bekennt. Der Umgang mit Dritten ist viel unkomplizierter. Sonst ist man plötzlich zum Nichtstun verurteilt, wird abgekapselt. Einsamkeit ist die Folge. Und das ist Schlimmste an AIDS.

Die zwei Tage waren deshalb einerseits schön, aber

zugleich deprimierend. Schwierigkeiten hatte ich mit dem Polamidon. Mein Arzt erklärte mir, daß der Körper sich damit erst anfreunden muß. Nach etwa zwei Monaten wäre das Zellengewebe strukturell erst entsprechend aufgebaut. Ich nahm mir vor durchzuhalten. Zunächst schlief ich bei Gerd im Gästezimmer. Aber schließlich gab es einen Riesenkrach mit seiner Freundin, und ich packte meine Sachen.

Da stand ich dann mit meinem Trenchcoat, mit meinen zwei großen Reisetaschen und einem Koffer in der Nähe der S-Bahn-Station. Ich fuhr erst mal zum Hauptbahnhof, schloß meine Sachen ins Schließfach und ging ein paar Stunden anschaffen. Gift habe ich mir nicht geholt. Dann nahm ich mir ein Hotelzimmer und fuhr am nächsten Morgen in die Drogenambulanz, mein Pola holen. Ich erklärte dem Sozialarbeiter, daß ich mir nicht jeden Tag ein Hotelzimmer leisten könne. Er gab mir den Rat, beim Sozialamt einen Hotelschein zu besorgen, dann würden die das zahlen. Das tat ich, fand aber kein Zimmer. In der Ambulanz sagten sie mir auch, ich solle mich im Drob-Inn melden. Das kannte ich vom Hörensagen. Der einzige sichere Platz für die Süchtigen von St. Georg. Ich wußte, daß dort die Junkies ihre Spritzen tauschen können, gebrauchte gegen neue. Und dort gab es auch immer billig was zu trinken und zu essen.

Als ich die Gestalten dann dort sah, war ich richtig erschrocken. Einige hatten den Kopf auf den Tisch gelegt, schnarchten vor sich hin, andere hingen total breit rum. Der Sozialarbeiter gab mir zu verstehen, daß er mich erst mal nur auf die Warteliste setzen könne. »In drei, vier Tagen ist vielleicht was drin.« Ich ging wieder los, machte ein paar Freier, fand aber erneut auf St. Georg kein Hotelzimmer. Erschöpft ging ich ins »Camelot« auf St. Pauli, wo ich auch eine Absage erhielt.

Ich war kaputt, neben mir saß ein älterer Mann, ungefähr 50. Der kriegte mit, wie fertig ich auf dem Barhocker saß und krampfhaft versuchte, wach zu bleiben. Er bot mir ganz spontan an, daß ich bei ihm ein kleines Zimmer beziehen könnte. Ich habe mir den Typen angeguckt, sah eigentlich sehr konservativ aus, dicker Bauch, Brille, eine helle Mütze auf. Wir nahmen uns ein Taxi und fuhren zu ihm ins Hochhausviertel. Meine Koffer und Taschen hatte ich noch im Schließfach gelassen. Das erste, was mir auffiel, war ein Riesenvogelbauer mit zwei Kanarienvögeln drin und daß er nur ein Ein-Zimmer-Appartement hatte, wo zwei Betten standen. »Wo soll ich denn schlafen?« »Es geht doch auch in einem Bett.« Er holte eine Flasche Schnaps, ich hatte aber nur den Gedanken, wie ich mir einen Druck machen kann. Ich bat ihn, mir eine Wanne vollaufen zu lassen. Ich schloß mich im Bad ein und verbrauchte mein letztes Pulver. Es dauerte unheimlich lange, bis ich eine Vene fand. Manchmal mußte ich zu dieser Zeit 30-, 40mal die Nadel ansetzen, bis es klappte. So kaputt und verknorpelt waren bei mir die Arme und Beine. Der Typ haute ständig gegen die Tür. Als ich wieder rauskam, saß er auf seinem Sessel. Beim Erzählen beichtete er mir, daß er eine lange Haftstrafe hinter sich hat und gerade vier Wochen draußen ist. »Wie lange hast du denn gesessen?« »Das tut nichts zur Sache«, meinte er kurz und trocken.

Und plötzlich kriegte er so einen penetranten Gesichtsausdruck, ein ganz fieses Grinsen, drehte sich um, nahm die rechte Hand nach hinten und holte aus den Sesselpolstern blitzschnell ein riesengroßes Schlachtemesser. Ich erschrak wahnsinnig, als er mit dem Ding rumfuchtelte: »So, jetzt zieh dich mal aus.« »Was soll denn das? Du wirst mich doch wohl hier jetzt nicht bedrohen?« »Doch, oder ziehst du dich freiwillig aus?« »Komm, steck das bitte weg, ich ziehe mich freiwillig aus.« Da ging er zu einem großen Schrank, riß die Tür auf, ich sah nur noch Medikamente. Mit zittrigen Händen holte er sich eine Schachtel raus. »Ich bekomme manchmal so Anfälle, die Tabletten brauche ich zur Beruhigung.« Ich versuchte, ihn weiter ins Gespräch zu verwickeln, seine Sympathie zu gewinnen. Aber ich konnte dann nicht mehr, mir fielen immer wieder die Augen zu. »Warum kann ich mich nicht auf die Couch legen?« Er wurde nett. »Leg dich ruhig hin, ich trinke noch ein bißchen.« Ich sackte dann auch weg, obwohl ich krampfhaft wachbleiben wollte. Aufgewacht bin ich, als er an mir gefummelt hat. »Was soll denn das? Laß mich doch ein bißchen schlafen, ich habe doch zwei Tage und zwei Nächte nicht geschlafen.« Er ließ mich los, ich schlief wieder fest ein.

Als ich erneut wach wurde, war der Typ nicht mehr da. Ich rannte gleich zur Tür. Verschlossen. Ich schaute in meine Handtasche. Das Geld war raus. Und der Schlüssel für das Schließfach auch. Ich hatte ihm ja gesagt, daß ich dort meine Klamotten habe. Mir wurde sofort klar, daß der was vorhat. Ich schnüffelte in der Wohnung, schaute in die Schränke. Da hingen nur altmodische Frauenklamotten. Und in den Schubladen fand ich seine Strafakte. Lebenslänglich wegen Frauenmord. Ich kriegte Panik. Ich lief in die Küche, holte alle Messer und ließ sie hinter den Kleiderschrank fallen. Und dann wühlte ich noch in einer anderen Schublade, da lagen unheimlich viele Schlüssel. Ich probierte und probierte. Endlich hatte ich einen, der paßte.

Ich zog meine Jacke über, nahm meine Handtasche und wollte die Wohnungstür aufschließen. In dem Moment stand er mit meinen Taschen und Koffern vor mir. »Ich habe schon mal deine Sachen geholt.« »Und warum hast du mein Geld geklaut?«»Ich brauchte doch Taxigeld.« »Du Schuft, du bestiehlst mich. Komm, gib mir den Rest des Geldes und meine Taschen.« Er schloß wieder ab, drängte mich ins Zimmer und packte mich am Hals. Vor lauter Verzweiflung sagte ich:»Hör zu, ich bin eine Fixerin, gucke mich an, meine Arme, meine Beine. Außerdem bin ich krank, ich habe AIDS.« »Das ist mir alles egal, habe sowieso nichts zu verlieren. Außerdem habe ich Kondome dabei.« Er machte seine Hose auf und schob sich ein Gummi drüber. Da fing ich an zu heulen.»Du bist so ein fieses Schwein. Bist du schon so fertig, daß du eine abgewrackte AIDS-kranke Fixerin vergewaltigen mußt?« Darauf heulte er auch und schluckte wieder mehrere Pillen mit Cola-Rum. Ich bat ihn dann, so lieb ich konnte, uns einen Kaffee zu machen. Als er in der Küche war, nahm ich den Schlüssel vom Tisch und schloß die Tür auf. Doch er war sofort hinter mir. Ich kriegte sie aber auf und schrie wie am Spieß:»Hilfe, Hilfe.« Er hatte mich am Arm. Er war unheimlich muskulös. Von oben hörte ich

Leute rufen. »Ja, was ist denn?« »Hilfe, Hilfe.« Und mit meiner ganzen Kraft riß ich mich los, kratzte mir dabei den Arm an der Tür noch auf und blutete ganz stark. Zwei Männer und eine Frau kamen. Ich flitzte ihnen entgegen. »Der will mich abschlachten, hat ein Messer.« Ich bekam überhaupt keine normalen Sätze mehr raus. Sie brachten mich nach oben, schenkten mir einen Eierlikör ein und riefen die Polizei. Es dauerte nur ganz kurz, da war sie da. Ein Krankenwagen noch dazu. Ich erzählte schnell, was passiert war.

Die Bullen stürmten nach unten und traten die Tür ein. Das krachte und knallte. Der Typ war natürlich nicht mehr da. Die Krankenpfleger gaben mir eine Beruhigungsspritze. Ihnen sagte ich vor dem Verbinden auch, daß ich AIDS habe. Ich hatte jedenfalls viel Glück. Außer der klaffenden Wunde am Arm, Würgemalen am Hals und mehreren Prellungen war nichts.

Völlig fertig bin ich dann abends ins Drob-Inn. Dort wurde in einem Drei-Bett-Zimmer ein Notbett für mich aufgestellt. Ich traf einen Bekannten aus der Szene wieder, der mir erst mal einen Druck spendierte. Tagsüber mußte jeder die Unterkunft verlassen, erst ab 20.00 Uhr war der Eintritt wieder erlaubt. 380 Mark Taschengeld gab es im Monat, dazu täglich eine Fahrkarte für die S-Bahn. Und damit sollte der Tag verbracht werden. Ich kriegte frühmorgens mein Pola, nahm aber zur gleichen Zeit immer noch Heroin. Beikonsum sozusagen. Da das Geld nicht reichte, schaffte ich tagsüber auf St. Georg an. Es war ein richtig monotones Dasein.

Es kotzte mich an, im Drob-Inn zu hausen und solche elenden Junkies wie Richard um mich zu haben. Er war gerade aus dem Knast entlassen, wollte sich am anderen Morgen seine Sozialhilfe abholen. Ich begleitete ihn auf seinen Wunsch hin. Das Geld setzte er sofort in Heroin um, anschließend gingen wir zusammen in eine Spielhölle. Richard machte sich auf dem Klo sofort einen Druck. Als er zurückkam, fielen mir gleich seine blutleeren Lippen auf, das Gesicht war käseweiß, der Atem ganz flach. Anzeichen einer Überdosis. Er sackte zusammen, fiel rücklings auf den Stuhl.

Ich mußte schnell sein. Panisch griff ich zum Salz-
streuer auf dem Nachbartisch und rief aufgeregt:»Hilfe,
helft mal mit, schnell, helft mit.« Es wurde leise im
Raum, aber niemand fühlte sich direkt angesprochen.
Alle gafften nur, als ich Richard auf den Fußboden
legte. Ich kochte auf dem Löffel mit dem Feuerzeug
schnell ein bißchen Salz in Wasser auf. Dann zog ich
es in die Pumpe und injizierte es in den leblosen Arm.
Noch immer blieb Hilfe aus, das Elend anderer Leute
interessierte nicht. Doch ich schaffte es zum Glück auch
allein. Richard wachte kurz nach der Injektion wieder
auf, wir waren noch einmal mit dem Schrecken davon-
gekommen.

Im Drob-Inn drückten selbst die Sozialarbeiter beide
Augen zu, versorgten uns immer wieder mit Spritzen.
Keinen kratzte es, wenn wir uns die Dinger da weg-
geschossen haben. Schlimm war es aber für die Junkies,
die gerade keine Drogen hatten.

Wie Petra, ein 18jähriges Mädchen, das mich sehnsüchtig um Stoff bettelte. Doch ich hatte bereits alles
aufgekocht, war gerade dabei, mir das Gift in die Vene
zu jagen. »Tut mir leid, jetzt ist Blut drin. Ich kann
dir nichts mehr geben. Du weißt doch, daß ich HIV-
positiv bin.« Ich muß mir wohl ein bißchen viel verpaßt
haben, denn ich sackte kurz darauf mit der Pumpe im
Arm weg. Als ich wieder aufwachte, war die Spritze
weg. Irritiert wankte ich in den Gemeinschaftsraum.
»Wer hat denn meine Pumpe?« Ich dachte, daß mir
jemand einen Gefallen getan hat und sie vor neugie-
rigen Blicken verschwinden ließ. »Petra war doch zuletzt bei dir«, murmelte es aus der Ecke. Eiskalt lief
es mir den Rücken runter. Sie wird doch wohl hoffentlich nicht …? Petra saß weinend in ihrem Zimmer. Voll-
gedröhnt mit Stoff. »Hast du meine Pumpe benutzt?«
»Ja, ich habe es ohne Gift nicht mehr ausgehalten.«
Wenige Wochen später erhielt sie die logische Schreckensnachricht: HIV-positiv.

Im Drob-Inn wurde ich immer wieder mit den Aus-
wirkungen des Virus konfrontiert. Zumal mit mir auf
dem Zimmer ein AIDS-Infizierter lag. Er war schon
sehr krank. Seine Beine waren offen. Es sah aus, als

ob ein Tiger mit seiner Pranke einzelne Stücke rausgerissen hatte. Ich pinselte ihn ein, wusch seine Sachen. Aber es zog mich unheimlich runter, weil ich aus nächster Nähe immer wieder an AIDS erinnert wurde. Ich betäubte mich noch mehr und brach eines Tages vor dem Hauptbahnhof zusammen. Mit einer Überdosis vollgepumpt, den Tod unmittelbar vor Augen. Mir war, als ob die Seele aus meinem Körper stieg. Ich schwebte in einem langen dunklen Tunnel. Unzählige Hexen standen links und rechts, versuchten, mich mit ihren Krallen zu packen. Manche erwischten mich auch, kratzten mir Wunden in den Körper. Doch aufhalten konnten sie mich nicht. Das gleißende Licht am Ende des Tunnels zog mich magisch an. Je näher ich kam, desto wärmer und heller wurde es. Mit einem Mal stand ich inmitten einer pardiesischen Pracht. Ein Blumengarten mit Pflanzen, Düften und Farben, wie ich sie bisher nicht kannte. Ich ließ mich fallen. Doch plötzlich griffen mich zwei Hände und rissen mich weg. Wieder in den Tunnel, zurück in die Dunkelheit.

Einen Mann in weißem Kittel neben mir, wachte ich im Krankenhaus wieder auf. Zwei Tage behielten sie mich dort, gaben mir Pola und ließen mich dann gehen. Mein Bett im Drob-Inn war inzwischen vergeben. Wieder wußte ich nicht, wohin. Ich rief Gerd an. Es war einen Tag vor Heiligabend. Mit relativ viel Heroin, ein bißchen Geld in der Tasche und einem Blumenstrauß für seine Freundin ging ich zu ihm. Auf ziemlich nette Art verbrachten wir Weihnachten miteinander. Ich holte aber mein Pola nicht mehr ab, hatte ja mein Heroin.

Gerd bemerkte meine täglichen Drucks, weil er Blutspuren im Waschbecken fand. »Bist du wieder drauf?« Ich stritt erst ab, Junkies streiten immer ab. »Ich begreife dich nicht. Ich will das jetzt sehen.« »Ach, nein.« »Doch, vielleicht schockt es dich ja.« Gerd setzte sich auf seine Ledercouch, ich hockte mich im Schneidersitz davor. Ich tat das Pulver auf den Löffel, streute Ascorbinsäure drauf, spritzte Wasser dazu und machte es mit dem Feuerzeug heiß. Ich zog den Stoff auf und suchte mir in der Innenseite des Knies eine Vene aus, die ich relativ leicht treffen würde. Als ich drückte, wurde Gerd schneeweiß, rannte raus und mußte sich im Bad übergeben.

Mein Stoff ging in den folgenden Tagen immer mehr zur Neige. Ich schämte mich, in die Drogenambulanz zu gehen, weil ich tagelang nicht dort gewesen war. Ich wurde affig, Gerd wußte überhaupt nicht, was er machen sollte. In der Nacht konnte ich nicht mehr. Ich wälzte mich im Bett des Gästezimmers, Gerd lag nebenan in seinem Wasserbett und schaute Fernsehen. Ich kroch zu ihm rüber. »Gerd, ich kann nicht mehr, ich muß mir Stoff holen. Kannst du mir ein bißchen Geld leihen, ich kann heute keins mehr verdienen.« »Weißt du was. Hier hast du 300 Mark, hol dir deinen Stoff. Aber tu mir einen Gefallen, nimm deine Sachen mit und hau ab. Ich kann das nicht ertragen.« Ich machte einen Freudensprung, packte meine Klamotten, schnappte das Geld und lief gleich zu einer Dealerin. Ich gab ihr einen Hunderter, und sie machte mir dafür einen ganz fetten Druck in den Hals. Ich konnte nicht mal mehr selbst ziehen.

Als ich das Gift in der Vene hatte, war es eine Erlösung. Ich fühlte mich wieder stark, ließ mir noch Heroin einpacken und fuhr zum Hauptbahnhof.

In den nächsten Wochen campierte ich wieder in verschiedenen Absteigen, drehte bei Eiseskälte nachts auf St. Georg meine Runden. Ich schiß die Freier an, wo ich nur konnte. Ich verarschte sie, schauspielerte mit allen Tricks. Bei Französisch nahm ich ihren Schwanz seitlich in die hohle Hand und schmatzte ihnen einen vor. Im Auto wichste ich ihnen einen runter, während ich gleichzeitig das Geld aus dem Jackett zupfte. Ich verabredete mich mit den Freiern zum Essen, ließ mir das Geld geben und verschwand im Hinterausgang.

Am liebsten war es mir, wenn ein Gast mit ins Hotelzimmer ging. Dort konnte ich ihn schlafen legen oder einfach so das Geld aus der Tasche ziehen. Wie dem Bengel, der gerade Mitte zwanzig war und mit 500-Mark-Scheinen rumprotzte. »Willst du Champagner trinken, ich halte dich frei.« Er machte total einen auf Welle, jammerte dann aber, daß ihm 300 Mark für eine Nummer zu viel seien. Er begann mit mir zu handeln.

Da war ich mächtig sauer. Als er auf dem Bett lag, zerrte ich vorsichtig die Hose von der Couch herüber. Und ich zog vier 500er raus. Als ich sie versteckt hatte, pöbelte ich ihn an: »Du bist mir eine Null, kriegst keinen richtig hoch. Auf dich habe ich keinen Bock, kannst dir deine Kohle in den Hintern klemmen.« Vom Geld habe ich mir gleich erst mal ordentlichen Stoff gekauft.

Jedes Geld, was ich verdiente, gab ich sofort aus, weil ich auch wieder voll auf Kokain war. Auf einen Tip hin sollte ich mir eine größere Menge in einer Junkiewohnung holen. Sie sah aus wie eine Müllhalde. Kein Fußboden, kein Teppich, nur Müll, Müll, Müll. Alte Kippen, überquellende Aschenbecher, Gläser mit Blutwasser, blutige Kleenextücher, und Spritzen über Spritzen. Und mindestens 20 Leute in einem ganz kleinen Raum von 16 Quadratmetern. Die waren alle völlig zugepengt. Und der Bewohner, langer Bart, dreckige Fingernägel, verwahrlost, stinkig, krabbelte gerade auf dem Boden umher. »Was suchst du denn?« fragte ich. »Ich suche Käfer.« Er war total abgedreht, spritzte sich später sogar Wasser, so druckgeil war der.

Ich wurde eingeladen, die nächsten Tage dort zu bleiben und versumpfte mit. Im Sumpf kann man eben nicht schwimmen lernen. Die Verelendung sorgt dabei ebenfalls für eine Schwächung des Immunsystems. Gesundheitlich ging es mit mir deshalb auch steil bergab.

Auf der AIDS-Station

»Es ärgert mich immer, daß die gesunden Leute Angst vor uns haben. Es sollte doch eher umgekehrt sein. Denn wir sind es, die das schwache Abwehrsystem haben, das Immunsystem eines Kleinkindes.«

Ich kränkelte immer mehr. Das Atmen fiel schwer, der Husten nahm zu, die Schmerzen in den Füßen wurden teilweise unerträglich. Doch vor allem mein Hals, in den ich mehrmals einen Kokaindruck gesetzt hatte, machte mir Sorgen. Dort wuchs ein Abszeß, der inzwischen wie eine Apfelsine aussah. Aber ich hatte Angst, zum Arzt zu gehen und das Ding aufschneiden zu lassen. Also dokterte ich lieber selbst ein bißchen und versuchte, mit Injektionsnadeln den Eiter zu entfernen. Beim vierten oder fünften Versuch schoß er heraus. Zum ersten Mal ekelte ich mich vor mir selbst.

In den nächsten Tagen drückte ich nur noch in die Beine. Aber auch dort waren inzwischen überall Abszesse. Ich lag nur noch auf der Liege, nahm außer Drogen nichts mehr zu mir. Schlafen war kaum noch drin, mein Husten wurde immer heftiger. Bei jedem Anfall hatte ich Angst, daß meine Lungenflügel platzen würden. Und eines Morgens spuckte ich Blut. Wolfgang, ein Dealer, der mich in dieser Zeit mit Stoff versorgte, fand mich zusammengekrümmt in einer Blutlache vor. »Mensch, Marita, du mußt sofort ins Krankenhaus, du stirbst uns hier weg.« Ich sagte nur »Na und?« und dachte dabei an die Voraussage von Frau Dr. Karsten, daß ich nur noch sechs bis fünfzehn Monate zu leben hätte.

Eine halbe Stunde später holte mich ein Krankenwagen. »Bitte nicht ins Tropen-Institut«, mein dortiger letzter Auftritt war mir immer noch peinlich. »Ich möchte nach Eppendorf.« Ich wußte, daß es dort eine gesonderte AIDS-Station gab.

In Eppendorf wurde eine Lungentuberkulose festgestellt. Sie war offen und ansteckend, weshalb alle nur noch vermummt in mein Zimmer kamen. Ich durfte es nicht mehr verlassen, meine Besucher mußten Mundschutz und Handschuhe tragen. Ich erhielt wieder starke Medikamente, die so auf den Magen schlugen, daß ich nichts mehr essen konnte. Deshalb wurde ich an Schläuche gehängt und nur noch künstlich ernährt. Ich magerte immer mehr ab, hatte gar keinen Immunstatus mehr. Bei der morgendlichen Visite schockierte mich der Oberarzt: »Frau Possner, Ihre Milz muß raus. Die macht genau das Gegenteil von dem, was sie tun soll. Sie vermehrt die HIV-Viren, hält sie wie in einem Brutkasten. Mit anderen Worten, sie entgiftet nicht mehr.« Ich fragte leise: »Wann denn?« Plötzlich hing ich wieder so am Leben, wollte mich nicht einfach hinlegen und sterben. »Die Lungentuberkulose muß auskuriert sein, darf also nicht mehr anstecken, und dann kommt die Milz dran.«

Ich wußte, was das bedeutete: Isolation und Einsamkeit. Fünf Monate dauerte sie an. Als die Schwester mir nach dieser Zeit erlaubte, den Mundschutz abzulegen und den Raum zu verlassen, liefen mir die Tränen übers Gesicht. Tränen des Glücks. Ich zog sofort meinen Kittel aus und ging in die Raucherecke. Zu Menschen, die mir so gefehlt hatten.

Ich bekam schnell Kontakt zu den anderen Patienten auf der AIDS-Station, wo ich die einzige Frau war. Ansonsten nur Männer, hauptsächlich Schwule. Einen besonders guten Draht hatte ich zu Torsten. Ein junger Typ, erst 21 Jahre alt. Er war seit seinem 16. Lebensjahr HIV-positiv. Angesteckt durch seinen 34jährigen infizierten Freund, der ihn auf diese Art und Weise ganz fest an sich binden wollte. Trotz seiner fortgeschrittenen Krankheit wurde Torsten nach einigen Wochen entlassen. Danach tat ich mich ein bißchen mit Volker zusammen. Er war 28 und hatte diese fürchterliche PCP-Lungenentzündung, bei der er stückweise seine Lunge aushustete. Wir sind oft zusammen spazierengegangen, unter anderem zweimal in ein Selbstbedienungscafé in der Nähe der Klinik. Das war jedes

Mal ein Spießrutenlaufen, weil Volker so elend aussah. Er hatte Geschwüre im Gesicht, Ausschläge an Händen und Armen und im Hals einen Venenkatheter. Die Menschen drehten sich angewidert fort. AIDS in diesem Stadium sieht eben alles andere als schön aus. Wir haben uns auch nur kurz aufgehalten, sind lieber wieder in die Klinik.

Aber auch auf der Station war es oft sehr traurig. Mein Zimmernachbar kämpfte wochenlang mit einer Lungentuberkulose, bevor er nach Hause entlassen wurde und dort starb. Die Bakterien hatte er sich im Bus eingefangen.

Schrecklich. Da fährt man einige Minuten mit dem Bus, irgendeiner hustet, man holt sich eine Tuberkulose, und vorbei ist das Leben. Das ist alles so lächerlich. Gesunde Menschen haben einen Horror davor, HIV-Infizierten die Hand zu schütteln, und meinen, wenn sie aus Versehen aus der Kaffeetasse eines Positiven trinken, dann bekommen sie AIDS. Dabei müßten *wir* normalerweise ständig Panik vor Ansteckung haben. Ich habe immer ein ungutes Gefühl in öffentlichen Verkehrsmitteln. Dort lauert die Gefahr überall. Mich braucht nur einer anzugucken, der eine Grippe hat, dann beginne ich schon zu niesen. Selbst eine Grippe kann ja wieder Krankenhaus und im schlimmsten Fall sogar den Tod bedeuten. Wenn ich noch mal eine Tuberkulose kriegen sollte oder eine Gelbsucht, dann würde ich das nicht überleben.

Es ärgert mich immer, daß die gesunden Leute Angst vor uns haben. Es sollte doch eher umgekehrt sein. Denn wir sind es, die das schwache Abwehrsystem haben, das Immunsystem eines Kleinkindes.

Fast täglich haben sie im Universitätsklinikum Eppendorf, AIDS-Station, Pavillon 63, einen Toten rausgekarrt. Das war furchtbar deprimierend. Vor allem, weil darunter so viele junge Menschen waren. Aber es gab sehr gute Ärzte, nette Pfleger, hauptsächlich männliche, weil ja nun leider Gottes die meisten AIDS-Patienten auch Schwule sind. Auf jeden Fall habe ich mich im Gegensatz zum Tropeninstitut sehr wohl gefühlt. So eine liebevolle Betreuung und Pflege habe ich in keinem anderen Krankenhaus kennengelernt. Wir hatten viele Freiheiten, im Zweifelsfall wurde immer zugunsten des Patienten entschieden. Eine Atmosphäre, die auch mich das Elend auf der Station leichter ertragen ließ. Denn Gedanken machte ich mir viele. Jede Krankheit bezog ich auf mich, fragte mich: Wann erwischt es dich damit?

Schließlich hatte ich auch noch die Milzoperation vor mir. Und davor eine panische Angst, zumal selbst einige Krankenpfleger sie als sehr gefährlich einschätzten. »Es steht 20 zu 80«, sagte einer ganz offen zu mir. Aber mir blieb ja nichts anderes übrig, als dieses Risiko auf mich zu nehmen. Denn eine Untersuchung hatte gezeigt, das sie inzwischen vier Kilo wog. Fünfhundert Gramm sind normal. Und mein Zustand verschlechterte sich von Tag zu Tag. Ich besaß lediglich noch knapp 1 000 Thrombozyten, ständig bestand die Gefahr der Verblutung. Ich hatte nur noch strenge Bettruhe, schleunigst mußte ein Operations-Termin festgelegt werden.

Als der klar war, überraschte mich der Professor bei der Visite mit der Nachricht: »Tja, Frau Possner, Sie werden wohl in Altona operiert werden.« Ich konnte es nicht glauben, schließlich lag ich im größten Krankenhaus Hamburgs. »Warum Altona?« Er druckste ein bißchen rum und wollte mir klarmachen, daß in Altona diesbezüglich die Kapazitäten sitzen würden. Aber ich ahnte, daß kein Chirurg im UKE das Risiko auf sich nehmen wollte, mich zu operieren. Ich wartete danach eine Woche, ohne daß ich etwas Neues erfuhr. Dann erzählte eine Schwester, in Altona könne nicht operiert werden. »Die haben keinen Chirurgen. Es wird sich anderweitig umgehört.« Wieder verstrichen drei Wochen. Dann waren meine Thrombozyten ganz unten, ich erhielt Bluttransfusionen, damit sich der Gerinnungsfaktor wieder erhöht. Nach fünf Wochen hieß es, daß ich doch in Eppendorf operiert werde. »Wir haben ein Chirurgenteam gefunden, es kann sein, daß Sie morgen schon dran sind«, sagte der Professor.

Kaum war er draußen, floß mir der Schweiß in Strömen. Ich hatte Panikzustände. Alle fünf Minuten rannte ich auf Toilette, drückte ständig die Klingel. Immer wieder löcherte ich die Schwestern und Ärzte: »Ist es gefährlich, überlebe ich das?« Ich bekam richtige Todesangst. Mein Stationsarzt muß meine Unruhe gespürt haben. Er setzte sich eine Viertelstunde an mein Bett und erklärte mir wie ein Engel den Ablauf der Operation. Er verabschiedete sich mit der beruhigenden Information, daß genügend Blutkonserven mit meiner Blutgruppe bestellt seien. »Morgen kommen sie dran.« Ruhig schlafen konnte ich dennoch nicht. So war ich richtig froh, als der Narkosearzt kam. Da ich eine alte Giftel bin, mußte meine Vollnarkose sehr stark ausfallen, weil ich nebenbei auch noch Polamidon schluckte.

Ich wartete, daß es richtig begann, zitterte am ganzen Körper und lauschte auf jeden Schritt im Flur. Um 14.00 Uhr ging die Tür endlich auf. Aber nicht, um mich zu holen, sondern um mir mitzuteilen, daß ich erst am anderen Tag dran bin. Ich war genervt, die ganze Angst umsonst, wieder eine Galgenfrist. Und die Zeit bis zum anderen Tag wollte einfach nicht vergehen. Minuten wurden zu Stunden. Der Morgen verstrich, Mittag ging vorbei, draußen wurde es allmählich dunkel. Ich wurde wütend: Verdammt, die nehmen dich wieder nicht. Doch um 17.00 Uhr hieß es: »Ja, wahrscheinlich kommen Sie heute als letzte dran.« Ich fieberte dem Abend entgegen. Dann kam der Professor persönlich. »Tut mir leid, Sie werden erst morgen operiert.« So ging das drei Tage lang, am vierten war es dann endlich soweit. Ich war schon halb verhungert, mir war inzwischen bereits alles piepegal. Ich konnte gar nicht mehr erregt sein, ich habe mich nur noch geärgert. Gleich morgens 9.00 Uhr war ich die erste. Nach der Beruhigungsspritze und der angelegten Infusion schoben sie mich in den OP-Vorraum. Dort sah ich die Blutkonservenbeutel hängen. Ekliges klebriges rotes Zeug in einem Plastiksack mit einem langen Schlauch. Dann legten sie mir einen Venenkatheter an, das dauerte auch noch mal eine Dreiviertelstunde.

Anschließend fuhren sie mich in den OP und legten mich auf die kalte Plastikliege. Die Angst war irgendwie verschwunden. Ich hatte so viele Tage vorher gezittert, ich war richtig froh, daß es nun soweit war.

Nach der Vollnarkose drehten sich die Scheinwerfer plötzlich rasend schnell, und ich war weg. Aber mitten auf dem OP-Tisch wachte ich mit wahnsinnigen Schmerzen auf. Die Narkose hatte nicht ausgereicht. Ich konnte jedoch nicht schreien, weil ich den Beatmungsschlauch im Hals spürte. Ich hatte das Gefühl, an diesem Schlauch zu ersticken. Nach einer nochmaligen Dosis Lachgas verschwand ich wieder im Dunkel. Hell wurde es, als mich vier Leute in mein Krankenbett hievten. Ich schrie und heulte vor Schmerzen, der Schnitt war über 40 Zentimeter lang. Auf der Intensivstation legten sie mir einen Nasenschlauch an und schlossen mich an eine Maschine, die meinen Speichel absaugte. Ich konnte nicht sprechen und mich nicht bewegen, war total deprimiert. Ich bin aber sofort wieder eingeschlafen.

Als ich endgültig aufwachte, meine trockenen Lippen spürte, fühlte ich mich glücklich. Ich lebte. Da waren plötzlich auch die Schläuche nicht mehr unangenehm und die Schmerzen zu ertragen. Bei der Visite wenige Stunden später schlichen die Ärzte und Schwestern vermummt in das Zimmer. Überempfindlich wie ich war, habe ich gleich gefragt, ob sie das wegen AIDS machen. Der Arzt erschrak richtig: »Um Gottes willen, wir sind immer vermummt auf der Intensivstation, das ist normal.« »Und bin ich über den Berg?« »Wenn keine inneren Blutungen auftreten, ja.« Ich erholte mich in den folgenden Tagen rasend schnell. Mich störte auch die Narbe nicht weiter, die Zeiten des Schönheitsideals waren ohnehin vorbei.

Im Krankenhaus hatte ich dann unheimlich viel Zeit nachzudenken. Ab und zu stand ich zwar schon mal auf, quälte mich in den Raucherraum, aber meistens lag ich im Bett. Ich hatte zwar auch einen Fernseher und ein Radio im Zimmer, aber irgendwie kein Interesse daran. Teilweise sprach ich in Gedanken stundenlang mit mir selbst. Gut, Marita, jetzt hast du diese ganzen Qualen auf dich genommen, hast dir ein Organ entfernen lassen, hast dich mit Medikamenten vollgestopft, hast die Tuberkulose überstanden, die Milzoperation überlebt. Aber wofür denn eigentlich alles? Der Todesvirus ist doch trotzdem in dir. In einigen Monaten kann schon alles vorbei sein. Mit Glück vielleicht auch erst in zwei oder drei Jahren. Und wie geht es weiter, ohne Perspektive, ohne Ziele? Ich bin vorbestraft, kann nicht in meinem alten Beruf anfangen. Bin ich gesundheitlich überhaupt in der Lage, noch einmal einen Neuanfang zu wagen, so schlapp und schwach, wie ich mich derzeit fühle? Und welche Träume kann ich mir eigentlich von Sozialhilfe noch erfüllen? Momentan weiß ich ja nicht einmal, wo ich nach dem Krankenhausaufenthalt wohnen soll. Einen riesengroßen Berg Probleme sah ich vor mir. Und ich wußte nicht, ob ich den überwinden könnte. Fragen und Gedanken, die mich nicht gerade beflügelten. Dann wurde ich auch noch mit ganz extremen Patienten konfrontiert, die Heroin mit ins Krankenhaus schleppten. Aber ich war stark genug und konnte nein sagen. Da war ich richtig stolz auf mich, war schließlich mein erster kleiner Sieg nach der Operation. Ich hämmerte mir immer wieder ein, daß ich künftig ohne Drogen auskommen muß. Ansonsten krepierst du in nächster Zeit. Ich wollte diese Erkenntnis nutzen, zu der ich letztlich durch AIDS gekommen war.

Ich schwor mir, wieder regelmäßig das Polamidon in der Ambulanz abzuholen. Durch die Monate im UKE hatte ich mich mit dieser Ersatzdroge richtig angefreundet. Ich freute mich jeden Tag auf meine Pola-Ration. Eigentlich eine totale Verarschung. Vorher war ich illegal süchtig, bin dafür teilweise in den Knast gekommen. Jetzt war ich auf Staatskosten abhängig. Und damit war das Ganze legal. Allerdings bin ich bestimmt nicht substituiert worden, weil die mir helfen wollten. Sondern die Gesellschaft soll vor mir geschützt werden. Denn durch das Polamidon bin ich nicht mehr gezwungen, für Drogen auf den Strich zu gehen oder kriminell zu werden. Kurzzeitig hatte ich auch den Gedanken, das Pola allmählich abzusetzen. Aber die Angst vor der neuen Gier nach Heroin war stärker. Also schütze ich mich selbst, indem ich weiter die Ersatzdroge nehme. Nachdem ich viel Elend im Krankenhaus hautnah miterlebt hatte und mir viele traurige Geschichten anhören mußte, hoffte ich immer mehr auf meine Entlassung. Zumal sich noch ein alter Freund von mir meldete, der mir anbot, daß ich erst einmal bei ihm wohnen könne. Damit war ein Hauptproblem für mich gelöst. Er holte mich dann auch ein paar Tage später ab und übergab mir die Schlüssel für seine Wohnung auf der Reeperbahn.

Kaum war ich dort, zog es mich an die alten Schauplätze. Nach Monaten der Isolation hatte ich einfach Lust, mal wieder bummeln zu gehen. Keine fünf Minuten stand ich inmitten der Hauptbahnhof-Szene, da wurde ich kontrolliert. Ich hatte aber überhaupt kein schlechtes Gefühl, holte meinen Ersatzausweis heraus, fühlte mich vollkommen sicher. Ich konnte es nicht glauben, als der Bulle anfing: »Frau Possner, Sie müssen mitkommen, wir haben einen Haftbefehl für Sie.« Ich schnappte nach Luft: »Das kann doch nicht sein, ich bin gerade drei Tage aus dem Krankenhaus. Aus dem UKE habe ich die Staatsanwaltschaft informiert, daß ich operiert werde. Es kann also nicht stimmen.« »Doch, es stimmt, wir haben einen Haftbefehl. Kommen Sie bitte mit.«

Auf der Wache Kirchenallee informierten sie mich, daß die Anklage auf Verdacht des schweren Raubes lautete. Die Bullen nahmen mich in Gewahrsam, steckten mich in diese widerliche fensterlose Zelle. Eine nackte Glühbirne blinzelte an der Decke einsam vor sich hin, in der Ecke stand eine Holzpritsche ohne Matratze. Ich konnte nicht schlafen, war auch nicht vollgedrückt mit irgendwelchen Drogen, hatte vorher ganz artig mein Pola genommen. Ich marschierte in der Zelle auf und ab. Drei Meter nach vorn, drei Meter nach hinten. Zwei Meter nach links, zwei Meter nach rechts. Ich konnte es einfach nicht fassen, daß ich wieder gefangen war, nachdem ich gerade die Freiheit geschnuppert hatte.

Am nächsten Tag folgte die übliche Prozedur. Rüber in den Gefängnisbus, ins Polizeipräsidium zum Abgeben der Fingerabdrücke und dann ins Untersuchungsgefängnis.

Verdacht auf schweren Raub, kein fester Wohnsitz. Mir war klar, daß ich dableiben muß. Ängstlich fragte ich den Haftrichter: »Wie hoch wird die Strafe denn ausfallen?« »Sie haben 24 Monate in Heidelberg noch offen. Das wird einen Bewährungswiderruf geben. Und schwerer Raub wird nicht unter fünf Jahren geahndet. Also können Sie sich alles selbst zusammenrechnen.« Ich werde also im Knast sterben. Ich schaute den Haftrichter an, diese erbärmliche Gestalt. Was wußte der schon von mir? Der konnte nicht ahnen, was ich hinter mir hatte, wie ich ums nackte Überleben gekämpft habe. Wie ich mich im Krankenhaus gequält habe, aus der Gosse von St. Georg wieder hochgezogen habe, den Horror vom Drob-Inn überstanden habe. Und jetzt sagt er so ganz cool zu mir: »Ja, Sie bleiben jetzt hier, können sich auf eine lange Haftstrafe vorbereiten.«

Ich rechnete mit Jahren, als sie mich in die Beobachtungszelle brachten. Dort, wo die ganze Nacht die Lampe brennt, kein Stuhl und kein Tisch steht, wo die Beamten durch ein Guckloch Kontakt halten und nur Plastikgeschirr reichen.

Am dritten Tag auf Beobachtung fing mir mein Kopf an zu jucken. Ich habe nur gekratzt, hatte keinen Spiegel, keinen Kamm, nichts. Ein Stück Seife, häßliche Knastzahncreme, eine Zahnbürste – das war alles für die Körperpflege. Nach einer durchkratzten Nacht schaute ich auf meine Fingernägel und bekam einen Riesenschreck. Sie waren blutverkrustet. Ich faßte vorsichtig über meine Kopfhaut. Überall Schorfstellen. In Panik riß ich das weiße Laken und die blau-weiß-karierte Knastbettwäsche von der Liege. Und plötzlich sah ich auf der Matratze so ein käferähnliches Gebilde liegen. Eine Kopflaus. Ich hatte noch nie vorher eine gesehen. Die war grau und fett, mit ganz vielen Füßen, fast so dick wie eine Ameise. Ich schrie, drückte auf die Klingel. Die Beamtin kam auch sofort. »Was ist denn los?« »Hilfe, Hilfe, lauter Viecher in meinem Bett.« Sie lachte hämisch, dachte wahrscheinlich ich spinne, bin im Delirium, habe einen Tabletten- oder Heroinentzug. »So was haben wir schon öfters gehabt, wenn die Tiere größer werden, klingeln Sie noch mal.«

Ich war genervt, zupfte weiter in meinen Haaren. Die waren richtig beklebt mit irgendwelchen Schuppen. Ich streifte mit dem Finger einmal richtig durch. Lauter durchsichtige Eier waren danach unter den Nägeln.

Ich bekam sofort wieder einen Anfall. Plötzlich hatte ich eine lebendige Laus in der Hand. Ich drückte nicht, ich schlug auf die Klingel. »Ich möchte sofort einen Krankenpfleger hier sehen oder einen Arzt, ich habe Kopfläuse«, schrie ich »Und Flöhe habe ich auch noch«, setzte ich weinend hinzu. Nach ein paar Stunden, gegen Abend, kam endlich jemand. Ich wurde hysterisch, bekam Angstzustände, juckte mich am ganzen Körper, der vollkommen aufgekratzt war. Der Typ bestätigte die Kopfläuse, gab mir einen Lausekamm mit ganz kleinen schwarzen Zacken und eine große Flasche Läusemittel Jakotin. »Dreimal drei Tage hintereinander von Kopf bis Fuß einreiben, weil die Dinger auch zwischen die Füße gehen können, ins Schamgebiet und unter die Achselhaare.« Ich folgte den Anweisungen, sprang teilweise splitternackt in der Zelle umher. Ich hatte ja auch nur den einen Anzug. Ich kam mir so richtig erbärmlich vor.

Abends fragte ich dann durch das Guckloch, ob ich das Jakotin mal abduschen könne. Denn es war inzwischen fest wie weiße Zahnpasta. »Nein, Sie dürfen nicht duschen.« »Aber ich kann doch so nicht ins Bett gehen.« »Auf Beobachtung wird nicht geduscht, Feierabend.« Am nächsten Morgen habe ich mich wieder mit Jakotin eingerieben, die zweite Schicht auf den verklebten Körper, und wieder die Haare ganz naß gemacht. Und das habe ich am dritten Tag noch mal wiederholt. Dann kam der Pfleger. »Haben Sie auch ordentlich alles drei Tage gemacht?« Noch bevor ich antworten konnte, meinte er grinsend: »Moment. Die Beamtin hat nur zwei Tage eingetragen.« »Ich habe das aber drei Tage gemacht.« »Hier stehen nur zwei Tage. Sie müssen noch einen Tag dranhängen.« »Das darf ja wohl nicht wahr sein. Scheißschikane.« Also mußte ich mich noch einmal mit dem Zeug einreiben. Dann durfte ich endlich duschen. Als ich wieder hoch kam, sah ich vor meiner Zellentür ein Schild: »Quarantäne!«

»Komme ich jetzt auf eine neue Zelle?« »Nein, Sie sind unter Quarantäne, Sie müssen mindestens 14 Tage noch hier bleiben. Wir müssen sicher sein, daß da nicht noch Eier ausschlüpfen.« Jeden Tag sollte ich mir die Haare waschen. Da ich nicht duschen durfte, mußte ich das kalte Wasser in der Zelle nehmen. Und das als AIDS-Kranke.

Dann durfte ich endlich auf die normale Station. Dort konnte ich zumindest nach meinem Ermessen das Licht ein- oder ausschalten. Ich erhielt meine Sonderzulagen als AIDS-Kranke, unter anderem täglich zwei Freistunden. Aber ich hatte gar keine Lust rauszugehen, ich war so deprimiert. Mir tat mein Bauch von der OP noch weh. Die Narbe war noch nicht richtig verheilt, weil ich auch keinerlei ärztliche Nachbehandlung hatte. Und mit der Hygiene wurde es in der Knastzelle, trotz meiner Infektion und der offenen OP-Wunde, nicht so genau genommen. Als Todgeweihte hatte ich scheinbar jedes Recht auf Menschenwürde verloren. Ich fühlte mich diskriminiert und wie eine Aussätzige behandelt.

Wenn ich schon mal duschen durfte, und das kam ganz selten vor, dann als letzte und stets allein. »Wegen der Ansteckungsgefahr«, wie mir eine Beamtin neunmalklug erklärte. Dabei ist in Einzelhaft schon das Duschen eine Riesenabwechslung, weil man endlich mal Gelegenheit zum Reden hätte. Die Einzelzelle machte mir jedenfalls ganz schön zu schaffen. Besonders, weil ich dort nicht wegen der Schwere meiner Taten, sondern nur auf Grund meiner Infektion untergebracht war.

So schrieb ich einen Antrag auf Arbeit, damit ich mehr unter Menschen komme. Der wurde abgelehnt. Ich war am Boden zerstört. Gerade hatte ich mein Leben neu geschenkt bekommen, da wurde es mir schon wieder genommen. Ich würde im Knast sterben, das war für mich das Schlimmste.

Ich kümmerte mich um einen Anwalt, wollte aber unbedingt eine junge Frau haben. Und ich fischte mir aus dem Verzeichnis auch eine sehr gute Anwältin raus. Erst 30 Jahre alt, locker, nett. Sie holte sich die Akte, ich konnte einsehen, was mir alles vorgeworfen wurde. Schwerer Raub, nachdem ich mehrere Freier in den Schlaf gelegt hatte, war der Hauptvorwurf. Daß ich Roche in die Bounty eingebaut hatte, wußte keiner.

Der Anwältin erzählte ich alles von mir. Sie war erschüttert und nahm meine Vorhaben, die ich vor der Verhaftung hatte, ernst. Ich hätte eventuell eine Chance auf eine Halbstrafe, aber mit ein paar Jahren müßte ich schon rechnen. Ich igelte mich in meiner Zelle ein. Ich saß stundenlang nur da, schaute stumpf vor mich hin. Ich aß nichts, alles kotzte mich an. Die Ungewißheit über das zu erwartende Urteil war grauenhaft. Am liebsten hätte ich mich aufgehängt oder wäre aus dem Fenster gesprungen, wenn die Gitterstäbe mich nicht gehindert hätten.

Der Pastor möbelte mich dann ein wenig auf und überredete mich, sonntags in den Kirchenchor zu gehen. Dort traf ich eine Freundin wieder, die wollte gern mit mir auf eine Zelle. Wir gingen beide zur Anstaltsleitung, doch die Bitte wurde wegen meiner Infektion abgelehnt. Da half es auch nichts, daß Micky einen Zettel unterschrieb, auf dem sie versicherte, das Risiko allein auf sich zu nehmen. »Frau Possner, wenn eine zweite AIDS-kranke Frau kommt, dann können Sie mit der auf eine Zelle gehen«, war die Antwort des Gefängnis-Direktors. »Mir geht es nicht darum, mit irgendeiner Person auf eine Zelle zu gehen, ich möchte mich mit der auch gut verstehen.«

Ich blieb zunächst allein. Jeden Tag mußte ich in den Männerbau, mein Polamidon abholen. Mein täglicher Spaziergang führte mich durch das ganze Gefängnisgebäude. Und da sah ich zum ersten Mal einen ganz hübschen Typ, der abseits von allen stand und wehmütig aus dem Fenster schaute. Er nahm mich überhaupt nicht wahr. Im Kirchenchor lernte ich dann ein Mädel kennen, die mir von einem tollen Mann im UG erzählte. »Apache nennen wir ihn.« Conni hatte mit ihm – wie viele andere Frauen auch – einen kleinen Briefkontakt. Sie verliebte sich in ihn und seine Briefe. Ich sagte zu ihr: »Du, im Knast, in der Zelle, da kommen einem die tollsten Gedanken, da macht man Versprechungen, alles mögliche, so eine Knastromanze ist draußen wieder vergessen, glaube mir das.« Aber selbst, daß er HIV-positiv war, störte Conni nicht. Irgendwann bat sie mich, dem Konstantin doch mal zu schreiben. Ich schickte ihm einen Brief mit versteckten Spitzen und ermahnte ihn, das Mädel nicht zu veralbern. Daraus entwickelte sich ein wunderbarer Kontakt. Wir schrieben uns teilweise 20 bis 30 Seiten lange Briefe. Richtig gesehen haben wir uns das erste Mal bei einem Hausbesuch, mit dem er mich überraschte. Jener Typ stand da in der Tür, der mir damals beim Holen des Polamidons aufgefallen war. Konstantin und ich nutzten danach jede Chance zu einem Hausbesuch. Wir hatten uns ineinander verliebt, machten Zukunftspläne, soweit das noch ging.

Dann hatte Konstantin Verhandlung. Ich hatte Angst vor dem Urteil. Sechs satte Jahre bekam er. Da waren wir beide fertig. Sechs Jahre, das ist Wahnsinn. Bis dahin bin ich tot, oder er. AIDS-Kranken fehlt eben vor allem Zeit.

Nach der Rückkehr aus dem Gefängnis

Von der Presse geoutet

»An ein Wundermittel glaube ich in den nächsten Jahren nicht. Ich vertraue der Wirkung von Krallendornkapseln. Und denke eher, daß ich mit meiner Psyche viel ausrichten kann.«

Bei meiner Gerichtsverhandlung wenige Tage später forderte der Staatsanwalt zwei Jahre und vier Monate für mich. Und dazu sollten 24 Monate Bewährung von Heidelberg kommen. Ich kriegte einen Schwächeanfall, mir sackten die Knie weg. Die Anwältin führte mich nach draußen. Das Urteil lautete dann 20 Monate, zusätzlich zur Strafe von Heidelberg. Also drei Jahre und acht Monate. Ich rechnete. Vielleicht kommst du auf zwei Drittel raus, also nach knapp zwei Jahren. Wenn du Glück hast, überlebst du das. Doch daran zweifelte ich, als ich einen Tag darauf schon wieder ins Krankenhaus mußte. Ich hatte kleine Bläschen in der Taille. Gürtelrose.

Wahnsinnige Schmerzen sind das. Als ob jemand mit langen Metallstäben in den Leib sticht. Konstantin wurde zu dieser Zeit vom UG ins Gefängnis nach Santa Fu abtransportiert. Er konnte mich also nicht besuchen, ich litt wieder unter furchtbaren Depressionen. Um mich aufzumuntern, schickte mir Konstantin seine Papiere zu, damit wir heiraten können. Das hat mich auch wieder aufgebaut. Er schwor mir Liebe und Treue bis in den Tod. In mir erwachten wieder die Lebensgeister, und ich wurde langsam gesund.

In der Zelle hatte ich dann ganz tolle Gedanken. Ich wollte mit Konstantin zusammensein, der einzige Wermutstropfen war seine sehr lange Haftstrafe. Das schrieb ich ihm auch: »Hoffentlich erlebe ich die Freiheit noch mit dir.« Er machte mir Mut. »Die Krallendornkapseln helfen dir, die retten dir das Leben.« Auf Empfehlung einer ehemaligen Heilpraktikerin und heutigen Ärztin in Hamburg hatte ich mit der Einnahme dieses Medikaments begonnen. Ich nehme sie jetzt über eineinhalb Jahre, und ich fühle mich mit ihnen sehr wohl. Wirkstoffe dieses Arzneimittels sind Alkaloide aus einer in Peru wachsenden Pflanze aus der Familie der Rubiaceen. Im Zusammenwirken mit homöopathischen Mitteln verbessern und stabilisieren sie die Funktionsfähigkeit des Immunsystesm. Und das ohne irgendwelche Nebenwirkungen, wie ich und viele andere Patienten sie von AZT kennen. Bei der Einnahme dieses bekanntesten AIDS-Medikamentes bin ich nur noch umhergeschlichen, habe mich ständig übergeben. Für 2 000 Mark pro Woche mußte ich Tabletten nehmen. Verteilt auf Tausende von Patienten ergibt das einen Riesenumsatz für die Herstellerfirma.

Die sehr gut verträglichen Krallendornkapseln werden zur Zeit aber nur in Österreich vertrieben. Von einer dort ansässigen Ärztin lasse ich sie mir verschreiben und hole sie mir jeden Monat in einer Hamburger Apotheke ab. Ich vertraue diesem Medikament, das nur 108 DM kostet. Ich hoffe, daß es schon bald auf dem deutschen Markt frei zu haben sein wird.

An ein Wundermittel glaube ich in den nächsten Jahren aber noch nicht. Und wenn, dann wird es für mich wahrscheinlich ohnehin zu spät kommen. Ich denke eher, daß ich mit meiner Psyche viel ausrichten kann. Ich zwinge mich dazu, positiv zu denken.

Im Krankenhaus stellten wir einen Zwei-Drittel-Antrag. Ich fieberte dem Tag der Entscheidung entgegen. Konstantin, den ich wahnsinnig liebte und der mir unheimlich viel gab, machte es mir mit seiner Post leichter. Und ich kam tatsächlich nach nur zehn Monaten raus. Ich war überglücklich, weil mir Heidelberg die Bewährung auch noch erließ.

Torsten, den ich auf der AIDS-Station im UKE kennengelernt hatte, holte mich ab. Wir sind Kaffeetrinken gefahren, ich dachte traurig an Konstantin, der mehrere Jahre absitzen mußte.

Über eine Bekanntschaft von Konstantin erhielt ich die Möglichkeit, in eine Wohnung in St. Pauli einzuziehen. Keine gute Gegend für mich. Um erst gar nicht in Versuchung mit Heroin zu kommen, habe ich ein bißchen gekokst und mir einige Roche reingeknallt. Am nächsten Mittag besuchte ich Konstantin. Ich kam in einem katastrophalen Zustand an, Konstantin standen die Tränen in den Augen. »Das darf doch nicht wahr sein. Du bist einen Tag draußen und bist schon wieder so zugeknallt. Was du mir in den Briefen versprochen hast, zählt wohl nicht mehr? Du kriegst doch dein Pola, was soll das?« Der Besuch war schrecklich. In den zwei Stunden gifteten wir uns nur an. Es war der Anfang vom neuerlichen Absturz. In den nächsten Tagen nahm ich wieder fleißig Roche und Koks. Konstantin und ich führten nur noch eine chaotische Beziehung. Meine Besuche wurden immer sinnloser und weniger, die Gespräche drehten sich nur noch um Drogen, sie arteten oft in Gebrüll aus. Wir schrieben keine Briefe mehr, ich war trotz Polamidon wieder nur noch auf Drogenjagd. Ich glaubte nicht mehr an die große Liebe. Im Knast macht man sich eben wirklich eine Menge vor. Ein bißchen Halt fand ich zu der Zeit bei Domenica, die ich ja schon seit 20 Jahren kannte und die eine Anlaufstelle für viele Drogensüchtige und AIDS-Kranke ist.

Domenica war auch nach ihrer Zeit als Edelhure für die Medien immer interessant. Ein Journalist einer großen Hamburger Boulevardzeitung wollte ihre Meinung zu einem Film aus dem Rotlichtmilieu einholen. Als er erfuhr, daß ich einen Teil meiner Vergangenheit mit Domenica verbracht hatte, war er auch an meiner Kritik interessiert. Wir schauten uns im Kino den Film an, der total wirklichkeitsfremd war. Fotos wurden von uns gemacht, doch der Journalist versicherte mir auf meinen mehrmaligen Hinweis, daß von mir kein Bild veröffentlicht wird. Zwei Tage später dann der Schreck in der Morgenstunde. Domenica und ich waren zusammen schön groß abgebildet. Dazu die saftigen Zeilen, daß ich unter anderem im Eros-Center und in der Herbertstraße gearbeitet habe, heute jedoch AIDS-krank und Sozialhilfeempfänger bin.

Wum. Das schlug ein wie eine Bombe. Ich mußte aus der Wohnung raus, in die ich eingezogen war. Der Hausverwalter erklärte mir, daß sich die Leute vor mir fürchten. Ein Job in einem Pub, um den ich mich kurz zuvor bemüht hatte, wurde mir nicht gegeben. Der Chef, selbst positiv, meinte: »Marita, die Leute lassen sich von dir keinen Drink servieren. Die haben Angst, daß du die Gläser infizierst. Tut mir leid für dich, aber ich muß auch an mein Geschäft denken.«

Das Outen brachte mir also nur Nachteile. Und deshalb bin ich auch der Meinung, daß die Wahrheit nichts bringt. Die Menschen können mit dieser Krankheit noch nicht umgehen. Sie wollen zwar alles Gute für sich haben, doch das »Schlechte« weisen sie weit von sich. Ich würde deshalb keinem anderen Betroffenen raten, die Krankheit öffentlich zu machen.

Ich schaltete auch sofort meine Anwältin ein, wir einigten uns darauf, einen richterlichen Prozeß anzuleiern. Nach sechs Monaten Wartezeit erhielt ich den Bescheid, daß das in meinem Falle keine Diskriminierung wäre. Eine Frechheit.

Kurze Zeit später wurde ich wieder krank. Ich bekam Fieberschübe, erneut ein ganz dickes Bein und wurde mit dem Rettungswagen ins Krankenhaus eingeliefert. Diesmal nicht ins UKE, sondern ins Marienkrankenhaus. Die hatten nun gar nichts mit AIDS-Leuten zu tun. Ich mußte dort auf die Infektionsstation, hatte wegen Thrombosegefahr absolute Bettruhe. Konstantin durfte mich einige Male in Hand- und Fußschellen besuchen, nachdem klar war, daß es wieder ein längerer Aufenthalt werden würde. Auch sonst bekam ich häufiger Besuch, meist aus dem Bekanntenkreis von Domenica. Und ich hatte damit zu tun, meine Bettnachbarin wieder aufzurichten. Sie hatte gerade ihr positives AIDS-Ergebnis erhalten. Sie war wissentlich angesteckt worden durch ihren Mann, der sich das Virus im Knast durch die Nadel geholt hatte. Ich tröstete sie, redete immer wieder auf sie ein, daß deshalb das Leben doch nicht vorbei sei. Das kostete Kraft. Kraft, die ich eigentlich für mich gebraucht hätte. Doch andererseits schöpfte ich auch selbst daraus Kraft, als ich spürte, wie sie allmählich wieder Mut gewann.

Meine Depressionen ließen nach, besonders als ich von meinem Sozialarbeiter erfuhr, daß ich nach der

Entlassung eine Wohnung erhalte. Und so freute ich mich auf diesen Tag. Der Verdacht einer PCP-Lungenentzündung hatte sich nicht bestätigt, und auch die Voraussage der Ärztin betreffs meiner Lebenserwartung stimmte nicht. Die Milz war draußen, meine Thrombozytenwerte gestiegen, der Immunstatus relativ hoch. Ich konnte also zufrieden sein. Das einzige Problem war der tägliche Gang in die Drogenambulanz, um das Pola abzuholen. Schließlich sollte die Wohnung rund 60 Minuten von dort entfernt sein. Mein Sozialarbeiter gab mir den Rat, mich um einen Pfleger zu kümmern. Ich stellte auch einen Antrag und wartete auf den Bescheid.

Die Wohnung versetzte mir einen Schreck. Sie war in einem schlimmen Zustand. Ohne Heizung, ohne Dusche, der Schimmelpilz hing an den Wänden, Türklinken und Klobrille fehlten. Abends, als der Nachbar mir zum Glück Strom nach oben gelegt hatte, stand im Schummerlicht plötzlich ein großgewachsener dunkelhaariger Typ mit einem netten Lächeln und einem Fünf-Tage-Bart vor mir. »Hallo, ich bin der Joachim, ich bin dein neuer Betreuer.« Ich fand ihn sofort nett und freute mich. »Wir werden mal sehen, wieviele Stunden ich bewilligt kriege. Ich bringe dir auf jeden Fall jeden Tag dein Pola, du brauchst also nur noch einmal die Woche in die Ambulanz, um Urin abzugeben. Du siehst die Leute aus der Drogenszene dann nicht mehr jeden Tag. Das hilft dir bestimmt, Abstand davon zu gewinnen.« Seit ich im Krankenhaus war, hatte ich aber keinen Stoff mehr angerührt.

Der erste Abend in der neuen Wohnug war schlimm. Da gingen mir plötzlich die Augen auf. Mein Gott, Marita, wo bist du gelandet, wo bist du bloß gelandet? Ich dachte an früher, an den Reichtum, an den Luxus. Und jetzt das. Die Spuren der Vormieter waren immer noch sichtbar, Schnapsflaschen, eine alte stinkige Luftmatratze. Ich hatte keinen Fernseher, kein Radio, nichts. Um mich herum eine große Stille. Ich heulte jämmerlich los. Wie sollst du das jemals schaffen, mit deinen paar Mark Sozialhilfe in diesem Loch wieder auf die Beine zu kommen. Ich fürchtete mich richtig vor Ver-

Mit Betreuer Joachim, 1993

elendung. Ein Angstzustand, den sicherlich viele AIDS-Kranke kennen und der das Immunsystem zusätzlich belasten dürfte. Ich sah einen unüberwindbaren Hügel vor mir. Lohnt sich dieser Kraftaufwand überhaupt? Wieviel Zeit bleibt dir noch, Marita? Ist es überhaupt richtig, daß du deine kostbaren Stunden in dieser Trümmerbude verplemperst?

Am anderen Morgen bestellte ich ein Telefon. Ich hatte meine Entscheidung getroffen. Ich wollte kämpfen.

Versuch eines Neuanfangs

»Früher zählten für mich Jahre, Monate, Wochen und Tage. Heute lebe ich nur noch für den Augenblick.«

Joachim ist inzwischen mein großer Halt geworden. Ohne ihn wäre ich vielleicht schon wieder abgerutscht. Einige Wochen nach Weihnachten hatte ich meinen letzten kleinen Kokainrückfall. Ich war die ganze Nacht unterwegs, bin morgens 8.00 Uhr mit meiner Schminke ins Bett gefallen. Nach einem Sturmklingeln wankte ich im Halbschlaf zur Tür. Joachim stand da, wir wollten meine Wohnung renovieren. Als er mich sah, verfinsterte sich sein Gesicht. »Na, war es schön gestern abend? Schminke dich erst mal ab oder schlafe weiter. Ist mir egal. Ich fange an zu arbeiten.« Der hat mir eine eiskalte Abfuhr erteilt. Ich habe mich unheimlich geschämt. Dachte eben, daß ich ihm auch etwas vorspielen kann. Doch dafür beschäftigt er sich zu intensiv mit mir. Wir führen teilweise stundenlange Gespräche, Geheimnisse kennen wir kaum. Joachim ist einer der ersten, die mich nicht als das Schönheitsideal Marita P. kennen, sondern als Mensch achten. Auch wegen Joachim kämpfe ich, Enttäuschungen hat er nicht verdient.

Er gehört zu den drei Menschen, denen ich noch grenzenloses Vertrauen schenke. Alle anderen habe ich aussortiert. Schleimer, die sich auf meine Kosten profilieren, Leute, die mit meinen Gefühle spielen, Menschen, die mich mit ihren belanglosen Alltagsgeschichten langweilen. Ich kann über Zeit und Gefühle nicht mehr grenzenlos verfügen. Die Kraft, die ich in mir habe, brauche ich für mich selbst. Früher zählten für mich Jahre, Monate, Wochen und Tage. Heute lebe ich nur noch für den Augenblick. Sehnsucht nach irgend etwas kenne ich dabei nicht. Ich will meine Ruhe, von niemandem mehr abhängig sein. Natürlich wünsche ich mir manchmal die Wärme eines anderen Menschen.

Doch die Illusion von einer festen Partnerschaft habe ich nicht mehr. Wer will schon mit einer AIDS-kranken Frau fest zusammenleben? Ich habe es bisher jedenfalls so kennengelernt, daß die Angst vor Ansteckung stärker als irgendwelche Gefühle war. Insofern ist AIDS auch ein Aufschrei gegen die Einsamkeit.

Nach über zehn Jahren Ersatzschein erhielt ich vor kurzem meinen ersten richtigen Personalausweis und richtete mir wieder mein eigenes Konto ein. Errungenschaften einer 40jährigen Frau, die manchmal auf dem Stand einer 14jährigen ist, was Selbständigkeit angeht. Doch ich bin bereit, weiter an mir zu arbeiten, auch wenn Rückschläge nicht ausbleiben werden und seelische Tiefs auf mich warten. Es gibt Situationen, in denen ich nicht mehr weiter weiß, wo ich am liebsten auf eine einsame Insel möchte. Dann schaue ich stundenlang einsam vor mich hin an die Decke. Da kann das Telefon klingeln, da kann es an der Tür pochen. Ich blocke alle und alles ab.

In solchen Phasen habe ich oft auch Angst, daß meine Krankheit schnell voranschreitet. Ich will nicht so dahinsiechen wie andere, ich will kein Pflegefall werden. Wenn ich irgendwann einmal das Gefühl haben sollte, daß es mit mir zu Ende geht, werde ich mir den Goldenen Schuß verpassen. Das habe ich mir ganz fest vorgenommen.

Ich habe mir angewöhnt, nicht mehr den ganzen Berg vor mir zu sehen, sondern mich Steinchen für Steinchen vorwärts zu tasten. Und das funktioniert.

Jedes kleine Erfolgserlebnis gibt mir etwas. Ich freue mich inzwischen über Kleinigkeiten und kann das auch zeigen. Kontakt zu anderen Patienten habe ich relativ selten. Joachims Betreuergruppe von der Ambulanten-Pflege-Initiative organisiert hin und wieder ein Treffen. Bei Kaffee und Kuchen sitzen wir dann zusammen. Als wir uns das erste Mal trafen, unterhielt ich mich mit einem vollschlanken Mann, ungefähr 30 Jahre alt. Wir stellten fest, daß wir früher manchmal im gleichen Hotel verkehrt hatten. »Ich erinnere mich nur noch an den Koch. War so ein dicker Brocken, hat 130 Kilo gewogen. Dieter hieß er.« Mein Gegenüber grinste. »Das bin ich. Sieht man mir gar nicht an, stimmts.« Und wir lachten beide los, obwohl es eher tragikomisch war. Allzuoft kann ich solche Treffs aber nicht haben. Das zieht mich runter, weil sich die Gespräche automatisch oft nur um die Krankheit drehen.

Doch ich betrachte AIDS nicht als Strafe für ein verruchtes Leben. Nein. Das Virus hat mir eine unwahrscheinliche Sensibilität geschenkt, was Menschen betrifft. Und es hat dafür gesorgt, daß ich viele Monate clean geblieben und nicht an einer Überdosis zugrunde gegangen bin. AIDS hat mir damit das Leben gerettet, mich auf den Weg der Vernunft gelenkt.

Doch werde ich jemals für immer von Drogen Abstand gewinnen können? Ich weiß es nicht. Die Gefahr bleibt groß, daß ich mich bei Störungen meines gewohnten Alltags, bei Unzufriedenheit oder Depressionen einfach wieder zu hartem Stoff flüchte. Für ewig von diesem Gift loszukommen, ist so verdammt schwer, wenn man erst einmal im Teufelskreis der Drogen steckt. Ich glaube, es gibt nur eine einzige Chance: es erst gar nicht zu probieren.

Kürzlich mußte ich wieder ins Krankenhaus. Nach langem Zureden durch Joachim hatte ich mich zu einer Zahnoperation entschlossen. Für 10.00 Uhr war ich bestellt. Als die Schwester das große rotgeschriebene HIV+ auf meiner Akte sah, nahm sie mich zur Seite. »Da können wir Sie natürlich jetzt nicht drannehmen. Sie müßten heute nachmittag um 14.00 Uhr noch einmal wiederkommen, weil nach Ihnen der OP-Raum sechs Stunden desinfiziert werden muß. Aus Schutz vor den anderen Patienten.« »Und wer schützt mich?«

Die Operation verlief gut. Ich habe jetzt überall vernünftige Zähne. Ich kann wieder richtig lachen. Wenn mir danach zumute ist.

Informationen zu AIDS

AIDS: Das Kurzwort steht für die englische Bezeichnung »Acquired Immune Deficiency Syndrome«. Bei einem derartigen »erworbenen Immundefekt« ist die körperliche Abwehrfähigkeit gegenüber Krankheitserregern vermindert. Als Voraussetzung für AIDS gilt die Infektion mit HIV (»Human Immunodeficiency Virus«).

Ansteckung: HIV kann übertragen werden, wenn Körperflüssigkeiten mit hoher Viruskonzentration – Blut, Samen und Scheidenflüssigkeit – in einen anderen Körper gelangen. Das geschieht vor allem beim Sexualverkehr durch kleine, nicht spürbare Verletzungen an den Geschlechtsorganen oder im Enddarm. Das Virus kann ebenso beim intravenösen Drogengebrauch übertragen werden, wenn Spritzbestecke gemeinsam benutzt werden. Kinder von infizierten Frauen können während der Schwangerschaft, während der Geburt und auch beim Stillen angesteckt werden.

Ausbreitung: Weltweit sind heute mehrere Millionen Menschen mit AIDS infiziert. In Deutschland erfolgt eine offizielle Registrierung seit 1982. Bis Juni 1993 waren danach 57.000 HIV-Infizierte gemeldet, die Dunkelziffer wird jedoch bei über 100.000 vermutet. Bei 1.021 Personen davon ist AIDS offen ausgebrochen, 1.049 weitere sind daran gestorben, darunter 68 Frauen.

Risiken: Ein hohes Infektionsrisiko besteht beim ungeschützten Geschlechtsverkehr, sowohl beim Anal- als auch beim Vaginalverkehr. Der Oralverkehr (das Stimulieren der Geschlechtsteile der Frau – Cunnilingus – und des Mannes – Fellatio – mit dem Mund) gilt als risikoarm. Bei der Fellatio sollte aber vermieden werden, daß Sperma in den Mund aufgenommen wird.

Schutzmöglichkeiten: Safer Sex, wozu der Gebrauch von Kondomen gehört, schützt nicht nur vor Ansteckung mit HIV, sondern auch vor anderen sexuell übertragbaren Krankheiten. Geeignet sind alle elektronisch geprüften Markenkondome. Keine Ansteckungsgefahr besteht beim Austausch von Zärtlichkeiten, beim Petting, Küssen, Massieren, Streicheln usw. Fixer sollten nur ihr eigenes Spritzbesteck benutzen und dieses nicht an andere weitergeben.

Keine Gefahr: Außerhalb des menschlichen Körpers ist HIV unter gewöhnlichen Alltagsbedingungen nicht lebensfähig. Das Virus ist gegenüber Umwelteinflüssen extrem empfindlich und stirbt an der Luft rasch ab. Übliche Hygienemaßnahmen im Haushalt, in der Arztpraxis und im Krankenhaus machen das Virus schnell unschädlich. Deshalb besteht keine Ansteckungsgefahr beim Zusammenarbeiten und Zusammenwohnen mit HIV-infizierten Menschen. Das gilt ebenso für die Betreuung und Pflege Betroffener. Gefahrlos können gemeinsam Geschirr, Eßbesteck, Toiletten, Bettwäsche, Sauna, Schwimmbecken usw. benutzt werden.

HIV-Test: Das Virus selbst wird nicht nachgewiesen. Im Test wird geprüft, ob im Blut Antikörper gegen HIV vorhanden sind. Werden diese festgestellt, spricht man von einem »positiven Testergebnis«. Ein Test empfiehlt sich erst drei Monate nach einer möglichen Infektion, da die Bildung von Antikörpern einige Wochen dauert.

Beratung: Persönliche und telefonische Beratung bieten die örtlichen AIDS-Hilfen (viele von ihnen sind unter der bundesweiten Beratungsnummer 19411 zu erreichen), die Gesundheitsämter und die Bundeszentrale für gesundheitliche Aufklärung (0221/892031).

Informationen zur Sucht

Sucht: Diese Bezeichnung steht für eine krankhafte und zwanghafte Abhängigkeit von Stoffen, die dem Süchtigen ein Lustgefühl vermitteln bzw. ein Unlustgefühl vermeiden helfen. Die Drogen, zeitweise oder fortgesetzt eingenommen, wirken zumeist auf das zentrale Nervensystem ein. (Der Begriff wird auch angewendet für süchtiges Verhalten wie Spielsucht, Putzsucht oder Arbeitssucht.)

Suchtmittel: Die verbreitetsten Suchtmittel sind die legalen, Alkohol und Nikotin, wobei diese allgemein als Genußmittel akzeptiert werden. Bei den illegalen Stoffen sind es Marihuana, Haschisch, Heroin, Kokain und synthetische Drogen.

Ursachen: Verstanden als seelische Krankheit, läßt sich das Suchtverhalten zumeist auf ein Leiden an sich selbst und den persönlichen bzw. sozialen Lebensumständen zurückführen. Suchtgefährdet sind vor allem Menschen mit einem geringen Selbstwertgefühl, denen es schwerfällt, mit schwierigen Lebenssituationen angemessen umzugehen und ihre Sehnsüchte aus eigener Kraft zu befriedigen. Darüber hinaus geraten viele Menschen auch aus Neugier oder durch Verführung an Drogen.

Ausprägung des Suchtverhaltens: Bei regelmäßiger Einnahme von Drogen treten tiefgreifende Veränderungen im persönlichen und sozialen Verhalten des Konsumenten auf. Handlungen, Gedanken und Gefühle werden zunehmend vom Suchtmittel bestimmt. Ist die Droge erst einmal in den Stoffwechsel des Organismus eingebaut, beginnt eine starke körperliche Abhängigkeit. Bei Entzug treten Schüttelfrost, Kreislaufstörungen, Gliederschmerzen und auch Sinnestäuschungen auf.

Ausbreitung: Nach Angaben der Deutschen Hauptstelle gegen die Suchtgefahren gibt es in der Bundesrepublik derzeit allein 2,5 Millionen behandlungsbedürftige Alkoholkranke; die Zahl der Alkoholtoten beläuft sich jährlich auf 40.000. Ungefähr 800.000 Menschen sind medikamentenabhäng. Von den 17 Millionen RaucherInnen sind etwa 6 Millionen behandlungsbedürftig. Bei den von illegalen Drogen Abhängigen rechnet man mit mindestens 100.000 Personen, wovon etwa 20.000 HIV-positiv sind. 1991 wurden 2.026 Drogentote statistisch erfaßt (1980: 383).

Ausstieg: Ein Ausstieg aus der Drogenabhängigkeit ist an die Einsicht in die eigene Sucht und den festen Entschluß zur Umkehr gebunden. Erst dann kann erfolgreich der körperliche Entzug beginnen, der immer mit Angstgefühlen, innerer Unruhe und der Gefahr des Rückfalls verbunden ist. Dem sollte stets eine soziale Therapie folgen, um ein Leben ohne Drogen längerfristig zu sichern.

Prävention: Eine sinnvolle Vorsorge gegen Drogenabhängigkeit muß bereits im Kindesalter ansetzen. Wenn es Eltern, Kindergärten und Schulen gelingt, ein Gefühl von Geborgenheit und Vertrauen zu vermitteln und die Kinder zu befähigen, mit Belastungen und schwierigen Situationen selbstbewußt umzugehen, ist die Anfälligkeit nachweislich geringer. Vor dem Gebrauch von Drogen sollte nicht nur abgeschreckt werden, vielmehr gilt es, den angemessenen Umgang mit Genußmitteln zu erlernen.

Information und Beratung: Drogenabhängige und deren Angehörige können sich an die örtlichen Drogenberatungsstellen wenden. Die Landesstellen gegen die Suchtgefahren, die Drogenbeauftragten der Länder und die Bundeszentrale für gesundheitliche Aufklärung in Köln bieten weitergehende Informationen.

Klaus Laabs (Hg.)

Lesben. Schwule. Standesamt.

Die Debatte um die Homoehe

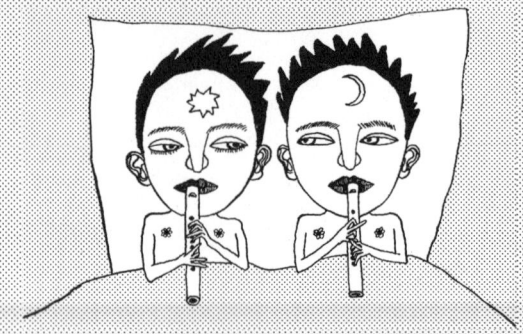

Ch.Links

304 Seiten, Broschur, 13 x20 cm, 24.80 DM, ISBN 3-86153-020-1

Mit Beiträgen von: E. Badinter, V. Beck, G. Bleibtreu-Ehrenberg, M. Bruns, S. R. Dunde, G. Dworek, A. Eckert, R. Elfering, K. Laabs, B. Mende, K. Müller, J. Oesterlein-Schwerin, K. Rindar, V. Roggenkamp, M. Schulze, A. Schwarzer, H.-G. Stümke, B. Thinius, R. Trechsel, P. Wagenknecht, H.-G. Wiedemann.